ビジネス英語の新人研修 Prime 2

電話のフレーズ
Business Telephone Phrases

デイビッド・セイン 著
David Thayne

The Japan Times

はじめに

　電話を取ったらいきなり英語が聞こえてきてパニックになってしまった、という経験をしたことがだれでも一度はあるのではないでしょうか？　不意をつかれていきなり一方的に英語でぺらぺら話されてしまうと、初心者でなくても腰が引けてしまうものです。電話は相手の顔が見えないため、表情から内容を読み取ることができませんし、こちらからも身振り手振りを使って伝えることができないためです。

　でも、落ち着いてあとで考えてみたら、大したことを聞かれたわけではなく、じゅうぶん理解できたはずの英語だったということもあるはずです。まずは、英語だからといって慌ててしまうとわかるものもわからなくなってしまうので、落ち着いて対応することが先決です。そして一番やってはいけないのが分かったふりです。あとで大きな行き違いを引き起こしてしまう可能性があります。メモなどを取り、単語だけでも拾うようにして、分からないことがあれば、相手にゆっくりと、理解できるまで説明してもらえばよいのです。必要に応じてあとでメールをしてもらうのもひとつの手です。そうすれば最悪の事態は回避できるはずです。

　込み入った話となってくると別ですが、ちょっとした電話のやりとりであれば、決まった表現があります。本書ではそういったお決まりフレーズを中心に紹介していますので、自分の必要な項目からマスターしていきましょう。MP3 音声ファイルや iPhone アプリもついていますので、時間があれば繰り返し音声とともに読み返してください。また音声に合わせてフレーズを口に出してみるのもアウトプットのいい練習になります。慣れないうちは虎の巻として、電話のす

ぐ近くに本書を置いておくのもひとつの手です。自然と自分がよく使う表現などが絞られていきますので、少しずつでもそれらをストックしていけば、電話応対も怖くなくなるはずです。

　ネイティブでさえ電話だと聞き取りづらいことはよくあります。焦らず、自信を持って、落ち着いて対応してください。「きちんと対応したい」という姿勢が相手に伝われば、ちゃんとコミュニケーションはとれるはずですので、ご安心ください。

2014年4月　デイビッド・セイン

Contents

はじめに 2
本書の構成 8
音声ファイル (MP3 形式) と iPhone アプリ
　無料ダウンロードの方法 9

Chapter 1 電話を受ける

最初のひとこと 12
相手の名前・社名・用件を確認する 14
担当部署に回す 16
相手の英語が聞き取れない場合 18
自分あての電話に出る 20
忙しくて応対できない場合 22
誰あての電話かを尋ねる 24
担当者の不在を伝える 26
担当者が電話に出られない場合 28
かけ直してもらう 30
電話を転送する 32
転送先の相手と話す 34
担当者の携帯電話番号を聞かれた場合 36
伝言を受ける 38
伝言を確認する 40
綴り（スペリング）を確認する 42
メールや FAX での連絡を依頼する 44
話を切り上げる 46
電話を保留にする 48
携帯電話にかかってきた場合 50
電話を切る際のあいさつ 52
Dialogue 54
Column 56

Chapter 2　電話をかける

- 名前や自社名を名乗る 58
- 話したい相手を呼び出す 60
- 相手と話せるかどうか確認する 62
- かけ直すことを伝える 64
- 折り返し電話する 66
- 相手不在時のさまざまなパターン 68
- 伝言を依頼する 70
- 担当部署につないでもらう 72
- 担当者の連絡先を尋ねる 74
- 社外から会社へ連絡する 76
- 出張先にいる相手に連絡する 78
- 代理で電話をかける 80
- 電話を切り上げる 82
- 緊急の用件で電話する 84
- 自分の連絡先を伝える 86
- 相手の携帯電話にかける 88
- 留守番電話に伝言を残す 90
- 電話に出た相手とのスモールトーク 92
- Dialogue 94
- Column 96

Chapter 3　問い合わせる・
　　　　　　問い合わせに対応する

- 在庫を問い合わせる 98
- 在庫の問い合わせに答える 100
- 価格に関する質問や交渉をする 102
- 納期・支払い方法・保証などを尋ねる 104

電話を受ける

電話をかける

問い合わせ

営業・アポイント

海外出張

その他の表現

発送方法・納期・支払方法などを説明する ... 106
注文する ... 108
注文を変更する ... 110
注文を受ける ... 112
FAX 送受信後の確認をする ... 114
クレームをつける ... 116
クレームに対応する ... 118
営業時間や場所などを問い合わせる ... 120
営業時間や場所などの問い合わせに応じる ... 122
Dialogue ... 124
Column ... 126

Chapter 4　営業する・アポイントをとる

初めて連絡をとる ... 128
売り込みの電話をかける ... 130
アポイントを取りつける ... 132
日時を提案する ... 134
場所を決める ... 136
アポイントの日時や場所を変更する ... 138
アポイントに遅れることを伝える ... 140
行き方を尋ねる ... 142
行き方を教える ... 144
Dialogue ... 146
Column ... 148

Chapter 5　海外出張

ホテルに予約を入れる ... 150
レストランに予約を入れる ... 152
変更内容を伝える ... 154

ホテルやレストランへ問い合わせる	156
国際電話をかける	158
ホテルのサービスを利用する	160
ホテルのサービスにクレームを入れる	162
航空会社や空港へ問い合わせる	164
帰国日を変更する	166
Dialogue	168
Column	170

Chapter 6　その他の表現

相手を落ち着かせる	172
電話がつながらない	174
留守番電話の応答メッセージ	176
間違い電話を受けたとき	178
間違い電話をかけてしまったとき	180
忘れ物について問い合わせる	182
英語に自信がない場合	184
携帯の電波受信状態が悪い	186
携帯に関するその他の表現	188
Dialogue	190
Column	191

校正・DTP組版　株式会社　鷗来堂
装幀・本文デザイン　GRiD　八十島博明
音声録音　ELEC
ナレーター　Josh Keller/Carolyn Miller
iPhoneアプリ制作　株式会社からくりもの

本書の構成

本書はビジネス英語の基本のフレーズの中の「電話のフレーズ」を集め、全6章、79の場面において再現しています。

本文

❶左ページは
絶対に覚えてほしい
「Prime フレーズ」
（男性の声）です。

❷右ページはできれば
マスターしてほしい
「ステップアップフレーズ」（女性の声）です。

MP3 または iPhone アプリの音声を流しながら、
毎日5分でもいいので繰り返し声に出して練習してみましょう！

Dialogue

❸各章末の、電話での
模範会話例です。

Column

❹ビジネスでかける電話についてのミニコラムです。

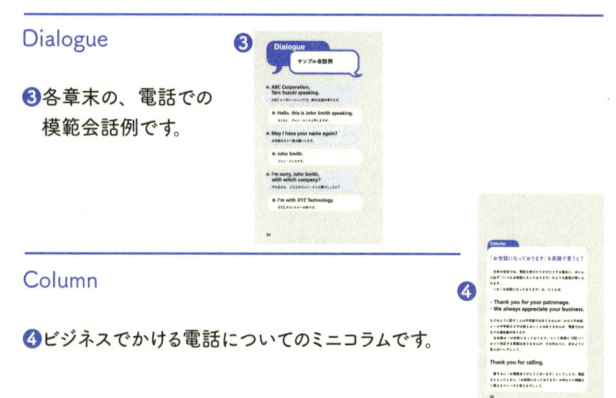

音声ファイル（MP3形式）とiPhoneアプリ 無料ダウンロードの方法

下記ウェブサイトより、本書に対応する音声ファイル（MP3形式）と
iPhoneアプリがすべて、無料でダウンロードいただけます。

http://bookclub.japantimes.co.jp/prime

音声ファイルダウンロードの方法
1. PCまたはスマートフォンのブラウザから、
   上記のアドレスにアクセスします。
2. 「MP3音声ファイルのダウンロード」より
   『ビジネス英語の新人研修 Prime 2 電話のフレーズ』の
   book2(Telephone) を選択すると、ダウンロードが始まります。

※ブラウザのバージョンや端末の状況によって、時間がかかる場合がございます。
※音声ファイルはZIP形式に圧縮されていますので、
解凍ソフトなどを利用し、解凍をしたうえでご利用ください。

iPhoneアプリダウンロードの方法
1. PCまたはスマートフォンのブラウザから、
   上記のアドレスにアクセスします。
2. 「App Storeからダウンロード」を選択し、手順に従ってお手持ち
   のiPhoneにインストールします。
3. アプリ内のスタート画面から『ビジネス英語の新人研修 Prime 2
   電話のフレーズ』を選択すると、
   自動的にダウンロードが始まります。

※本アプリはiOS7以降に対応しています。
OSのバージョンや端末の設定・状況によっては
正しく動作しない場合がございます。

Chapter 1

電話を受ける

いきなり英語の電話がかかってきたら、誰でも慌ててしまうもの。転ばぬ先の杖として、まずは「かかってきた電話への対応」の仕方を覚えましょう。

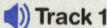# Track 1

最初の ひとこと

受ける

まずは、英語の電話を受けた際の、「最初のひとこと」を覚えておきましょう。これさえ覚えておけば、必要以上に慌ててしまうこともありませんよね。

Prime フレーズ

① Hello, how can I help you?

もしもし、ご用件はなんでしょう？

* 電話では Hi よりも Hello が使われることのほうが多い印象があります。

② Hello, this is ABC Corporation. Toshihiko Suzuki speaking.

はい、こちらは ABC 社です。鈴木俊彦が承ります。

* 自分の名前を名乗る場合、このように XXX speaking. という形が用いられます。

③ Thank you for calling.

お電話ありがとうございます。

2-1 Good morning. ABC Corporation.

おはようございます。ABC 社です。

* もちろん、午後だったら Good afternoon. となります。
このような「ふつう」のあいさつも使っていいのです。

2-2 You've reached ABC Corporation.

こちらは ABC 社です。

* This is ABC Corporation. と、ほぼ同じ意味のフレーズ。
「ビジネスっぽい」響きがあります。

2-3 This is Mariko.

真理子です。

* Hello, this is Mariko. でも OK。

2-4 This is the Accounting Department.

こちらは経理部です。

* 社内で電話が転送される場合などによく使うフレーズ。
This is Sato in Accounting.
「経理部の佐藤です」のような言い方も可能です。

3-1 Thanks for calling.

お電話ありがとうございます。

* Thank you for calling. よりもくだけた、
フレンドリーな感じになります。

3-2 Thank you very much for calling.

お電話いただき誠にありがとうございます。

* ややフォーマルですが、
これもよく使われるパターンの 1 つです。

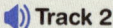 Track 2

相手の名前・社名・用件を確認する

受ける

実は、英語圏では名前を名乗らずにいきなり用件を切り出す人も珍しくありません。ですから、お客様からの電話を受けたら、必ず相手の名前・社名をこちらから確認するようにします。

Prime フレーズ

① Can I have your name?

お名前をお願いいたします。

* What is your name? だと、
失礼な印象を与えてしまう恐れがあります。

---

② Could I ask what company you're with?

御社の名前をお伺いしてもよろしいですか？

* この with は「…と一緒に仕事をしている」という
ニュアンスの前置詞です。

---

③ What are you calling about?

どのようなご用件でしょうか？

* Why are you calling?（なぜ電話をしているのですか？）だと、
「電話なんかしてくるな！」と言っているように
思われてしまうかもしれないので注意しましょう。

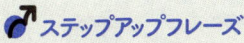 ステップアップフレーズ

1-1 Who's calling, please?

どちらさまでしょうか？

* Who are you? だと
「あんた、だれ？」というニュアンスになってしまいます。

1-2 I'm sorry, you're ...?

すみませんが、お名前は…？

* you're ...? の部分で少しポーズを置くことで、
「名前を聞いている」ということが相手に伝わります。

1-3 May I ask who's calling?

どちらさまでしょうか？

* 1-1 を、もう少し丁寧にした言い方になります。

2-1 Excuse me. What company are you with?

すみません。どちらの会社の方でしょうか？

* Could I ask ...? を省いて、このように言うことも可能です。

3-1 Are you calling to ask about our products?

弊社の製品に関するお問い合わせでしょうか？

* about 以下を入れ替えれば、様々な状況に対応できますね。

3-2 What can I do for you?

ご用件はなんでしょうか？

*「最初のひとこと」としてもよく使われるフレーズです。

担当部署に回す

受ける

会社の大代表番号にかかってきた場合や、用件や問い合わせの内容を確認した結果、自分の部署が担当部署ではないとわかった場合に、電話を担当部署に回すときに使えるフレーズです。

Prime フレーズ

① I'll transfer your call to the Advertising Department.

お電話を広告部にお回しいたします。

* transfer A to B で「A を B に転送する」という意味になります。

② Which section would you like?

どちらの部署におつなぎしますか？

* would you like「…が欲しい」は、このように「希望」を尋ねる場合によく使います。

③ Let me put you through to the section in charge.

担当部署にお回しいたします。

* section[department] in charge で「担当部署」という意味になります。

 ステップアップフレーズ

1-1 Would you like to speak to someone in Human Resources?
人事部の者とお話しになりますか？

1-2 I'll connect you to the Sales Department.
営業部にお回しします。

* connect A to B は「A を B につなぐ」という意味です。

2-1 Which section do you want?
どちらの部署におつなぎしますか？

* ややカジュアルな言い方です。

2-2 Which section would you like to be connected with?
どちらの部署におつなぎしたらよろしいですか？

* be connected with ... は「…とつながる」という意味です。connect「つなぐ、結ぶ」を受動態にしたものです。

3-1 I'll transfer your call to the department that's in charge of that.
該当部署におつなぎいたします。

*in charge of …で「〜の担当」という意味です。

3-2 I'll get someone for you right away.
すぐにわかるものと代わります。

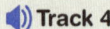 Track 4

相手の英語が聞き取れない場合

受ける

電話での会話は、相手の身ぶりなどが見えないこともあり、「聞き取り」の難易度が格段に高くなります。ですから、聞き取れなかった場合には、遠慮せずにどんどん聞き返すようにしましょう。

Prime フレーズ

① **May I have your name again?**

お名前をもう一度お願いします。

* 名前を聞き取れなかった場合は、この言い方を使えば OK ですね。

② **Which company did you say you're with?**

どちらの会社の方だとおっしゃいましたか？

* 社名が聞き取れなかった場合はこのフレーズを使います。work for ... よりも、be with ... という言い方を用いたほうが自然な感じになります。

③ **Can you say that again?**

もう一度言ってもらえませんか？

 ステップアップフレーズ

1-1 What was your name again?
お名前をもう一度お願いしてもいいですか？

* このように、過去形にすることで「さっきも聞きましたが、もう一度いいですか？」というニュアンスになります。

1-2 Sorry, I didn't catch your name.
すみません、名前が聞き取れませんでした。

* catch は「聞き取る」という意味です。

2-1 I'm sorry, John Smith, with what company?
すみません、どちらのジョン・スミス様でしょうか？

* 名前だけを名乗って、社名を言わなかった相手に対しても使うことができます。

2-2 Could you say your name and company name again?
すみませんが、お名前と会社名をもう一度おっしゃっていただけませんか？

*「会社名」は company name と表現します。

3-1 Could you repeat that, please?
もう一度繰り返していただけませんか？

* 繰り返しを求める、丁寧なフレーズです。

3-2 I'm sorry? / Excuse me?
もう一度いいですか？

* どちらも、繰り返し言ってもらうことを求めるフレーズです。語尾を上げて言うことがポイントです。

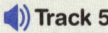 Track 5

自分あての電話に出る

受ける

本人あての電話をとった場合のひとことを覚えましょう。また、Prime フレーズの1のように、電話の会話では this という代名詞がよく用いられます。

Prime フレーズ

① **This is he[she].**

私です。

* 電話では「顔」が見えないので、いきなり I/You を用いずに、このように this を使います。「どちらさまですか?」も、Who's this? と言うことができます。

② **Speaking.**

私です。

* 1 とほぼ同様のニュアンスで、May I speak to ...?「…さんをお願いします」というひとことに対して用います。

③ **I'm the person in charge.**

私が担当です。

* 「責任者」を求められたときに。

🎵 ステップアップフレーズ

1-1 This is he[she]. What can I do for you?
はい、私です。ご用件はなんでしょうか？

* このように、「私です」と名乗った後に、
用件を尋ねるフレーズを続けましょう。

1-2 This is he[she], but I'm not in charge of that.
私が本人ですが、私はその件の担当者ではありません。

* この場合、適切な担当者に電話を転送する（→ Track 11）必要が出てきますね。

2-1 This is John Smith speaking.
ジョン・スミスです。

* Speaking. を省略せずに言うと、
このように This is XXX speaking. という形になります。

2-2 Yes, Thomas Heller speaking.
はい、私がトーマス・ヘラーですが。

* May I speak to ...? と「聞かれて」いるわけですから、
このように Yes を頭につけるのも自然です。

3-1 I'm in charge of that.
その件でしたら、私が担当ですが。

* 相手の尋ねている用件の担当者が自分であることを告げています。

3-2 I'm responsible for that.
私がその件の責任者です。

* in charge of ... は、responsible for ... で言い換えられます。

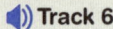 Track 6

忙しくて応対できない場合

受ける

自分あてに電話がかかってきたものの、忙しくて応対をしている時間がない場合には、どう伝えればいいでしょうか？ また、ちょっと「出たくない」というときの表現も見てみましょう。

 Prime フレーズ

① I'm tied up right now.

今立て込んでおります。

* tied up は「縛り付けられた」という意味で、忙しくて「身動きが取れない」というニュアンスです。

② Can I call you back later?

後でこちらからかけ直してもいいですか？

* call ... back は「…に折り返しの電話をする」です。

③ Could you tell him[her] I'm out?

外出していると伝えてもらえませんか？

* このように「居留守」を使ってしのぐパターンも、覚えておいても損はありませんね。

1-1 I'm a little busy right now.
今少し忙しいのですが。
* a little「少し」をつけることで、ソフトな言い方になります。

1-2 I'm afraid I have to go.
もう行かなければならないのですが…。
*「もう出かけるので電話をしていられない」と伝えるパターンです。

1-3 I'm afraid I don't have time to talk now.
すみませんが、今はお話ししている時間がありません。
* I'm afraid ... をつけないと、きつい言い方になってしまうので気をつけましょう。

2-1 I'll call you back in 10 minutes.
10分ほどでかけ直します。
* Let me call you back in 10 minutes. でも OK。

2-2 I'll get back to you in an hour.
1時間で折り返します。
* get back to ... は「…に折り返しの電話をする」です。

3-1 Could you tell him[her] I'm away from my desk?
離席中だと伝えてもらえませんか？
* away from one's desk「離席中で」。

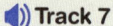 Track 7

誰あての電話かを尋ねる

受ける

相手の名前および社名を確認したら、「誰あて」の電話なのかを尋ねましょう。「担当部署」に回す（→ Track 3）のでなく、相手が求めている個人名を特定するためのフレーズです。

 Prime フレーズ

① Who are you trying to reach?

誰あてのお電話ですか？

* reach は「…に連絡する」という意味の動詞です。

② We have two Tanakas here.

田中は2人おりますが。

* I'd like to speak to Mr. Tanaka.（田中さんをお願いします）などと言われた場合の対応例です。名前を「複数形」にします。

③ Which section does he[she] belong to?

どちらの部署の者でしょうか？

* belong to ...「…に所属している」。

ステップアップフレーズ

1-1 Who would you like to speak to?
誰とお話しされますか？

* speak は talk に置き換え可能です。

2-1 There are three people here by that name.
弊社には、その名前の者が3人おりますが。

* by that name は「その名前の」ということ。

2-2 Is it Ms. Saori Kaneko or Ms. Satomi Kaneko?
金子沙織でしょうか？ それとも金子里美でしょうか？

* 同姓の人が2人いる場合、このようにフルネームを使って尋ねるといいでしょう。

2-3 Do you know his[her] first name?
その者のファーストネームはおわかりになりますか？

* What's his[her] first name? でも OK です。

2-4 Which Tanaka would you like to talk to?
どの田中とお話しになりますか？

* We have two Tanakas here. に続けて、このように言うこともできます。

3-1 Which section does he[she] work in?
その者は、どちらの部署に所属していますか？

* work in ... は「…で働いている」つまり「所属」を表します。

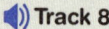 Track 8

担当者の不在を伝える

受ける

取り次ぐべき相手が不在である場合の伝え方を見ておきましょう。その人が「既に退社してしまった」あるいは「他の支社に転勤になった」などという場合の言い方も覚えておきましょう。

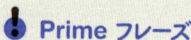

① **He's[She's] away from the office right now.**

ただ今外出しております。

＊冒頭に I'm sorry, but ... をつけるパターンもあります。

② **He's[She's] off today.**

今日はお休みをいただいております。

＊off は「休んでいる」という意味です。

③ **He[She] should be back by 4:00.**

4時までには戻るはずです。

＊should は「…するはずだ」というニュアンスです。

ステップアップフレーズ

1-1 He's[She's] not in.
社内におりません。

* 大変シンプルな言い方ですが、このように not in で「外出している」という意味を表せます。

2-1 He's[She's] away on a business trip.
出張中です。

*「…に出張している」と言いたい場合は、be on a business trip to ... のように言います。また、「出張中で」は out of town とも言います。

2-2 He's[She's] left for the day.
今日はもう退社いたしました。

* has left の省略で、「帰ってしまってもういない」という意味を表しています。

3-1 He'll[She'll] be back on Thursday.
木曜日には再び出社する予定です。

* 出張などで不在の人物について説明する場合です。

Extra-1 He[She] has been transferred to the Osaka branch.
大阪支社に転勤になりました。

* transfer to ... で「〜へ転勤する」という意味です。

Extra-2 He's[She's] no longer with us.
すでに退職しておりますが。

* be with us は、「この会社で働いている」という意味です。

担当者が電話に出られない場合

受ける

本人は社内にいるものの、なんらかの理由で「手が離せない」という場合の表現です。さまざまな「電話に出られない理由」をきちんと相手に英語で伝えましょう。

Prime フレーズ

① **I'm afraid he's[she's] on another line.**

あいにく別の電話に出ております。

* on another line で、「別の電話に出ている」という意味を表せます。

② **He's[She's] in a meeting right now.**

ただ今、打ち合わせ中です。

* in a meeting の代わりに、having a meeting を使うこともできます。

③ **I'm afraid he's[she's] out for lunch now.**

あいにく、昼食に出ています。

* この be out for ... は、「…のために外に出ている」という意味です。

 ステップアップフレーズ

1-1 He's[She's] on the other line right now.
ただ今別の電話に出ております。

1-2 He's[She's] on another line, but I don't think it'll be long.
別の電話に出ておりますが、そんなに長くはかからないと思います。

* ... it shouldn't take too long. と言うこともできます。

2-1 He's[She's] speaking with another customer now.
ただ今接客中です。

* speaking を省略しても OK です。

3-1 He's[She's] away from his[her] desk right now.
今は離席中です。

3-2 He's[She's] not in his[her] office right now.
今は、オフィスにおりません。

Extra-1 He[She] can't come to the phone right now.
今は電話口に出られません。

*「電話のところまで来られない」という内容を伝えるフレーズです。

 Track 10

かけ直してもらう

受ける

「こちらからかけ直す」パターンは、Track 6 で既に取り上げましたが、今度は「こちらが忙しい」などの理由のために、「相手にかけ直してもらう」場合の頼み方を見てみましょう。

 Prime フレーズ

① **Could you call us again tomorrow?**

明日もう一度お電話いただけませんか？

* Would you be able to call back tomorrow? のように言うこともできます。

② **Could you call back later?**

後で電話をもう一度いただけませんか？

* call back「もう一度電話をかける」。

③ **It would be great if you could call between 2:00 and 4:00.**

2時から4時の間にお電話いただけますと助かります。

ステップアップフレーズ

1-1 Would it be possible for you to call us back tomorrow?

明日もう一度お電話いただくことは可能ですか？

* Could you ...? の代わりに possible を使ったパターン。

2-1 Could you call back in an hour?

1時間後にまたお電話いただけますか？

2-2 I'll be in a meeting soon, so would you call again after 4:00?

すぐに打ち合わせに入ってしまいますので、4時以降にもう一度お電話いただけますか？

2-3 I need to leave the office at 4:00, so could you call back before then?

4時には会社を出なければなりませんので、それまでにもう一度お電話いただけませんか？

2-4 Would you mind calling back after 2:00?

2時以降にかけ直していただいてもよろしいでしょうか？

* Would you mind ...ing? は「…していただけませんか？」と尋ねる丁寧な表現です。

3-1 Could you call us sometime around 6:00?

6時ごろにお電話いただけませんか？

 Track 11

電話を転送する

受ける

電話を転送する場合の決まり文句です。電話を転送する際には、transfer one's call「…の電話を転送する」や、connect A to B「Aの電話をBにつなぐ」などの表現を使います。

Prime フレーズ

① **I'll transfer your call to the sales manager.**

営業部長におつなぎいたします。

＊ to の後に転送する相手を続けます。

② **Let me put you through.**

おつなぎいたしします。

＊ put through も「転送する」という意味の表現です。

③ **Please wait while I connect your call to Mr. Yamada.**

山田におつなぎしますので、お待ちください。

＊ wait の代わりに、「切らずにそのまま待つ」という意味の hold を使っても OK です。

ステップアップフレーズ

1-1 Let me transfer this call to Ms. Kimura.
木村に電話を転送いたします。

2-1 Certainly. I'll put you through to the person in charge.
かしこまりました。担当の者におつなぎいたします。

3-1 Please hold.
お待ちください。
* Please hold on. も、ほぼ同じ意味になります。

3-2 One moment, please.
少々お待ちください。
* Just a moment, please. と言うこともできます。

3-3 I'll forward your call to Mr. Morimoto. Please hold on.
森本に電話を回しますので、お待ちください。
* forward A to B も、「A の電話を B に回す」という意味になります。

Extra Please go ahead.
どうぞ、お話しください。
*「転送先の相手とつながったので、お話しください」ということ。

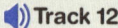 Track 12

転送先の相手と話す

受ける

社内の人に、電話がかかっていることを告げる場合に使うフレーズを集めました。「電話が入った通知」以外に「つないでよいか」を確認するフレーズも、併せて確認しておきましょう。

Prime フレーズ

① Mr. Smith from ABC Corporation is calling.

ABC 社のスミスさんからお電話です。

* このように ... is calling. という形が基本です。

② You have a call from Bill on line 3.

内線の 3 番にビルさんからお電話です。

* You have a call ... という言い方も覚えておきましょう。

③ Is it okay to connect him[her] now?

今、電話をおつなぎしてもよろしいですか?

* つないでよいかを尋ねるパターン。

ステップアップフレーズ

1-1 Mr. Stevens is waiting for you on line 4.

内線の4番で、スティーブンズ様がお待ちです。

* waiting の代わりに holding を使っても OK です。

2-1 You have a call from an Esther, who says she wants to ask you about our London branch.

ロンドン支局についての問い合わせをしたいということで、エスターさんという方からあなたにお電話が入っております。

* an Esther は a woman named Esther
「エスターという名前の女性」という意味で、
「よく知らない相手からの電話」の場合に使われる表現です。

2-2 You have a personal call.

ご家族の方からのお電話です。

* a personal call は「個人的な電話」ということですが、
通常「家族からの電話」というニュアンスで使われます。

2-3 There's a call for you from Mr. Jones.

ジョーンズ様からお電話です。

* There's a call ... は You have a call ... と
ほぼ同じニュアンスの表現です。

3-1 Should I say you're not available?

今手が空いていないと伝えましょうか?

* available は「話す時間がある」ということ。

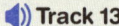

担当者の携帯電話番号を聞かれた場合

受ける

担当者が社外にいる場合などに、携帯電話の番号を伝えたりすることがありますね。「個人情報なので教えられない」というパターンも含めて、基本的な言い方をチェックしてください。

Prime フレーズ

① **Mr. Yamamoto's cell phone number is 090-XXXX-XXXX.**

山本の携帯電話の番号は090-XXXX-XXXXです。

＊「携帯番号」は cell number と言うこともあります。

② **Let me give you his[her] cell phone number.**

携帯電話の番号をお教えいたします。

＊自分から教える場合の言い方です。

③ **We can't give you his[her] cell phone number.**

携帯電話の番号はお教えできません。

ステップアップフレーズ

1-1 Please try 090-XXXX-XXXX.

090-XXXX-XXXX にかけてみてください。

* try は「…に電話をかけてみる」という意味で使うことができます。

1-2 You can reach him[her] at 090-XXXX-XXXX.

090-XXXX-XXXX にかければ、連絡取れますよ。

* reach ... は「…に連絡する」という意味です。

2-1 I'll give you his[her] cell phone number. Do you have something to write on?

携帯電話の番号を申し上げます。何か書くものはお持ちですか？

* something to write on はメモするための紙を指します。

2-2 I can give you his[her] cell phone number. Maybe you can call him[her] yourself.

携帯電話の番号をお教えいたします。ご連絡ください。

Extra I'll have him[her] call you back. Could I have your cell phone number?

折り返し電話させますので、あなた様の携帯電話番号をいただけませんか？

* こちらの番号を教える代わりに、相手の番号を聞く場合のパターンです。

🔊 Track 14

伝言を受ける

受ける

担当者が不在の場合で、伝言を承ることを申し出る際に使えるフレーズです。なお、「伝言を残す」は leave a message、「伝言を受ける」は take a message と表現します。

Prime フレーズ

① **Would you like to leave a message?**

伝言を残されますか？

・・・・・・・・・・・・・・・・・・・・・・・・・・・・

② **May I have your name and phone number?**

お名前と電話番号をいただけますか？

＊ メモを取るために、名前と電話番号を確認するパターン。

・・・・・・・・・・・・・・・・・・・・・・・・・・・・

③ **I'll be sure to let him[her] know.**

必ず申し伝えますので。

＊ I'll be sure to ... 「必ず…いたします」。

ステップアップフレーズ

1-1 May I take a message?
伝言を承りましょうか？

1-2 You can leave him[her] a message, if you like.
よろしかったら、伝言を残されますか？
* ..., if you like. は「もしよかったら」というニュアンス。

1-3 Do you want to hold or leave him[her] a message?
そのままお待ちになりますか？ それとも伝言をお残しになりますか？

2-1 Sure. Please go ahead.
ええ。どうぞおっしゃってください。
* Could I leave a message?（伝言を残してもいいですか？）などと聞かれた場合の答え方です。

2-2 What should I tell him[her]?
何をお伝えすればよろしいでしょうか？

3-1 I'll be sure to tell him[her] that.
必ずお伝えします。

Extra Would you like me to transfer you to his[her] voice mail?
留守番電話におつなぎしましょうか？
* 留守番電話に伝言を残すかどうかを尋ねるときに使います。

Track 15

伝言を確認する

受ける

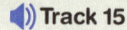

伝言を受けることにした場合は、書き取った（聞き取った）相手のメッセージの内容が合っているかどうかを確認します。make sure「確認する」という表現が役に立ちます。

Prime フレーズ

① Let me make sure if I have it.

ちゃんとメモできたかどうか確認させてください。

* Let me make sure I have it. と、ifを省略することもできます。

② So, at 4:00 on Thursday. Is that right?

それでは、木曜日の4時ということで、よろしいですね？

* Is that right? は「それで合っていますか？」と確認するためのフレーズ。

③ Let me put down what you just said.

今おっしゃったことをメモさせてください。

🎵 ステップアップフレーズ

1-1 Let me repeat that.
復唱いたします。
* I'll repeat that. でも OK。

1-2 Let me confirm that.
確認させていただきます。

1-3 Let me repeat that, if I may.
よろしければ、復唱させていただきます。
* 1-1 Let me repeat that. を少し丁寧にしたパターンです。

2-1 At 3:00 on Friday, right?
金曜日の３時ですね？
* Is that right? をもう少しだけた感じにしたのが、この ..., right? です。

2-2 Okay, that's 123-5678. Would that be right?
123-5678 ですね。それで合っていますでしょうか？
* このように、So の代わりに Okay を使うパターンもあります。

3-1 Let me write it down.
メモをとりますね。
* write down ... も「…を書きとめる」という意味です。

3-2 Let me get a pen.
今、ペンを用意しますので。

Track 16

綴り（スペリング）を確認する

受ける

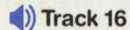

英語でのやり取りに慣れている人でも、固有名詞の綴りが完ぺきにわかる人はいないはずです。怪しいと思ったら、恥ずかしがらずに必ず確認する習慣をつけてください。

Prime フレーズ

① How do you spell your name?

お名前の綴りを教えてください。

* この spell は「綴りを口頭で述べる」という意味です。

---

② So, it's M-a-l-c-o-l-m. Is that right?

綴りは M-a-l-c-o-l-m で合っていますか？

* このように、綴りを1つずつ読み上げて確認するのが確実です。

---

③ It's V as in Venus, right?

Venus の V ですね？

* as in ... は「…の」という意味で、ネイティブが綴り確認の際に必ずと言っていいほどよく使う表現です。
B/V や R/L など、間違いやすい綴りはこんなふうに確認しましょう。

ステップアップフレーズ

1-1 Could you spell your last name, please?
お名前の綴りをお願いいたします。
＊ラストネームだけをお願いするパターン。

1-2 Could you spell your company name for me?
御社の名前の綴りをお願いいたします。
＊for me を文末につけるパターンもあります。

2-1 Is your last name spelled R-O-B-E-R-T?
お名前の綴りは R-O-B-E-R-T でよろしいですね？

3-1 Your first name is Randy, and that's R as in Rome?
お名前はランディ様、Rome(ローマ)の R ですね？

3-2 E as in egg, R as in rose, I as in India, C as in cat, A as in apple, Erica?
egg（卵）の E、rose（バラ）の R、India（インド）の I、cat（ネコ）の C、apple（リンゴ）の A で、Erica（エリカ）様ですね？

Extra-1 Williams with two Ls?
L が2つ入っている Williams ですね？

Track 17

メールやFAX での連絡を依頼する

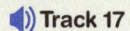

受ける

込み入った情報を聞く場合や、重要事項を伝達する場合など、電話だけでは心もとない場合には、メールやファックスなどの別手段を使った連絡を頼むというやり方も有効です。

🔹 Prime フレーズ

① Could you email your message?

メールでその内容を送っていただけませんか？

* email は「メールで送る」という意味の動詞として使うことができます。

---

② Could you send your questions by fax?

お問い合わせの内容を、ファックスで送っていただけませんか？

* by fax は「ファックスで」という意味です。

---

③ Let me give you my email address.

私のメールアドレスをお教えいたします。

ステップアップフレーズ

1-1 Could you email your message just in case?
念のため、この内容をメールで送っていただけませんか？
* just in case「念のため」。

1-2 Could I ask you to email us later?
後でメールを送っていただけませんか？

2-1 Could you contact him[her] by fax?
ファックスで連絡をとってみていただけませんか？

2-2 We'd rather you sent us a fax instead.
できればファックスしていただきたいのですが。
*「できれば電話ではなくファックスでお願いしたい」と伝えるフレーズです。

3-1 Do you have his[her] email address?
メールアドレスはおわかりになりますか？

3-2 If you send me an email, I'll be sure to forward it to him[her].
メールをいただければ、必ず転送するようにいたします。

Extra I'll have him[her] email you later.
後で担当者のほうからメールを送らせます。

Track 18

話を切り上げる

受ける

忙しい業務の最中の電話は、「迷惑」であることも珍しくありません。だらだらと会話を続けずに、うまく「切り上げる」ためのフレーズをいくつか取り上げてみました。

Prime フレーズ

① **I have to get back to work.**

もう仕事に戻りませんと…。

* get back to work は「仕事や作業に戻る」ということです。

② **May I be excused?**

失礼させていただいてもよろしいですか？

③ **I'd better let you go.**

あまり長くお話しさせるのもよくありませんので…。

*「私はあなたを解放するべきだ」というのが直訳。「こちらの都合ではなく、そちらに悪いので切り上げましょう」というニュアンスなので、使いやすいですね。

ステップアップフレーズ

1-1 I have to be going now.
もう行かなければなりません。

1-2 I'm sorry, but I seem to have another call coming in.
あいにく、別の電話が入っているようでして…。

1-3 I have to go to a section meeting.
部会に出なければなりませんので…。

1-4 I really must be going now.
本当にもう行かないといけないんです。

＊I must go. でもいいのですが、このように進行形の形にしたほうが、相手に与える印象がソフトになります。

2-1 If you'll excuse me, I have to get back to work.
よろしければ、仕事に戻らなければならないのですが…。

＊「それでは、このへんで…」のようなニュアンス。

3-1 I don't want to take up much of your time.
お時間をお取りするのも申し訳ありませんので。

Extra Let me get back to you later.
こちらから後ほどお電話いたしますので…。

Track 19

電話を保留にする

受ける

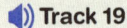

いきなり電話を保留にするのは、あまりにも相手に失礼です。保留してもよいか確認したり、「これから保留にします」と、前もって相手にしっかり伝えてから保留ボタンを押しましょう。

Prime フレーズ

① Please hold on.

お待ちください。

*「切らずに待ってください」と頼むフレーズです。

② May I put you on hold?

お待ちいただいてもよろしいですか?

* put ... on hold で「…の電話を保留にする」という意味になります。

③ Thank you for waiting.

お待たせいたしました。

* 保留を解除したときのひとことです。

ステップアップフレーズ

1-1 Do you mind holding?
お待ちいただけますか?

1-2 Just a minute, please.
少々お待ちください。

1-3 Please hold the line.
そのままお待ちください。
* hold the line は「電話を切らずにいる」ということ。

2-1 I need to put you on hold.
いったん電話を保留にさせていただきます。

2-2 If I may, could I put you on hold for a moment?
もしよろしければ、少々お待ちいただけますか?

3-1 I'm sorry to have kept you waiting for so long.
長いことお待たせしてしまって申し訳ございませんでした。

Extra I'm sorry, but it might take a little longer.
申し訳ございませんが、もう少し時間がかかるかもしれません。

Track 20

携帯電話にかかってきた場合

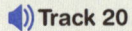

受ける

携帯電話では、固定電話の場合と少し異なった表現が使われる場合があります。携帯にかかってきてもきちんと対応できるように、必須フレーズをマスターしておきましょう。

Prime フレーズ

① John here.

はい、ジョンです。

＊携帯電話の場合、「誰にかけているか」がほぼ明らかなので、このようにカジュアルな応対をすることが珍しくありません。

② I'm at a client's right now.

今、客先にいるのですが。

③ I can't talk to you right now.

今は電話ができません。

＊「今は都合が悪い」ということを伝えるフレーズです。

ステップアップフレーズ

1-1 Hello. This is Ichiro Yamamoto.
はい、山本一郎です。

1-2 Hi, Mr. Smith. How's it going?
やあ、スミスさん。調子はどうですか？

*「相手が誰か」がわかっているため（画面に表示されているため）、こんなふうに出るパターンもあります。

2-1 I'm on the train now. Can I call you back in 15 minutes?
今電車の中におりますので、15分後にこちらからかけ直してもよろしいですか？

2-2 I'm in a meeting right now.
ただ今打ち合わせ中です。

*「今は車の運転中です」なら、I'm driving right now. となります。

3-1 I'll call you as soon as I get back to the office.
会社に戻り次第、すぐに電話しますので。

3-2 Could I call you back from the office later?
後で、会社からかけ直してもよろしいですか？

Extra Let me call you back from a fixed line.
固定電話からかけ直しますね。

Track 21

電話を切る際のあいさつ

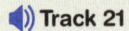

受ける

電話の「切り際のあいさつ」がわからずに、いきなり電話を切ってしまっていませんか？ 簡単なひとことでもいいので、別れのあいさつをきちんとする習慣をつけましょう。

Prime フレーズ

① Thank you for calling.

お電話ありがとうございました。

* Thanks for calling. でも OK です。

② Please say hi to Ms. Sato for me.

佐藤さんによろしくお伝えください。

* Please say hello ... でも OK。

③ Talk to you later.

それでは、また後ほど。

ステップアップフレーズ

1-1 Nice talking to you.
お話しできてよかったです。
* フレンドリーなあいさつです。

1-2 Thanks for your time.
お時間をとっていただきありがとうございました。

1-3 Thanks for the information.
情報をありがとうございました。

1-4 Thanks for your trouble.
わざわざありがとうございました。

2-1 Please give my best regards to Ms. Ishii.
石井さんによろしくお伝えください。

* best を省略して、
Please give my regards to ... と言う場合もあります。

3-1 Let's keep in touch.
連絡を取り合いましょう。

3-2 Okay, so I'll call you next week.
それでは、来週こちらからお電話しますね。

* Okay は、このように「それでは…」と、
話を区切るような働きをするフレーズです。

Dialogue

サンプル会話例

A: ABC Corporation, Taro Suzuki speaking.

ABCコーポレーションです。鈴木太郎が承ります。

B: Hello, this is John Smith speaking.

もしもし、ジョン・スミスと申しますが。

A: May I have your name again?

お名前をもう一度お願いします。

B: John Smith.

ジョン・スミスです。

A: I'm sorry, John Smith, with which company?

すみません、どちらのジョン・スミス様でしょうか?

B: I'm with XYZ Technology.

XYZテクノロジーの者です。

A: I see. What can I do for you today?

わかりました。ご用件はなんでしょうか。

B: I need to talk to Mr. Tanaka, please.

田中様とお話ししたいのですが。

A: We have two Tanakas here. Do you know his first name?

弊社に田中という者は2人おりますが、ファーストネームはおわかりになりますか?

B: I'd like to speak to Hiroshi Tanaka in HR.

人事部の田中博様をお願いします。

A: Certainly. Please hold while I transfer your call.

かしこまりました。おつなぎしますので、そのままお待ちください。

B: Thanks for your trouble.

ありがとうございます。

Column

「お世話になっております」を英語で言うと?

日本の会社では、電話を受けたりかけたりする場合に、ほとんど必ず「いつもお世話になっております」のような表現が用いられます。

この「お世話になっております」は、たとえば、

- **Thank you for your patronage.**
- **We always appreciate your business.**

などのように訳すことは不可能ではありませんが、かなり不自然。メールや手紙などでは使えないことはありませんが、電話ではかなりの違和感があります。

日本語の「お世話になっております」という言葉に100パーセント対応する英語はありませんが、その代わりに、次のように言えばいいでしょう。

Thank you for calling.

要するに「お電話ありがとうございます」ということで、電話をもらったときに、「お世話になっております」の代わりに問題なく使えるフレーズと言えるでしょう。

Chapter 2

電話をかける

英語の電話を「かける」場合の表現を見ていきましょう。ある程度決まり文句さえ押さえておけば、意外となんとかなってしまうものなので、頑張って覚えましょう！

Track 22

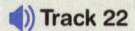

名前や自社名を名乗る

相手の会社に電話をかけた際の「第一声」です。自分の名前を名乗るとともに、自社名をきちんと伝えるようにするのが基本です。

Prime フレーズ

1 This is Takashi Yamamoto from XYZ Engineering.

XYZ エンジニアリングの山本隆と申します。

* This ... from ～で「～の…です」という意味になります。これが名前を名乗るときの基本パターンです。

2 My name is Toru Kubota.

久保田徹と申します。

* もちろん、このようにシンプルな My name is ... という形を使っても構いません。

3 Good morning.

おはようございます。

*「最初のひとこと」は、こんなあいさつでも構いません。

ステップアップフレーズ

1-1 **This is Nana Saito. I'm calling to ask about a job advertised in the newspaper.**

斉藤奈々と申します。新聞に出されていた求人広告の件で、電話を差し上げております。

* 名乗った後に、I'm calling to ask about ... という形をつなげて「電話の理由」を示すこともできます。

1-2 **This is Ayako Takagi speaking.**

高木文子と申します。

2-1 **My name is Keiko Sakamoto. I'm calling from ABC Corporation.**

坂本恵子と申します。ABC コーポレーションの者ですが。

* I'm calling from ... という形で、「どこの会社の人か」を相手に伝えることができます。

3-1 **Good afternoon. May I speak to Ms. Leech?**

こんにちは。リーチ様をお願いしたいのですが。

* 時間帯によっては、このように Good afternoon. を使うこともできます。

Extra **Hello, again. Tom Kelly speaking.**

たびたびすみません。トム・ケリーです。

* 電話を短時間のうちに連続してかけた場合、このように言うこともあります。

Track 23

話したい相手を呼び出す

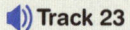

話したい相手とは別の人が出た場合、電話を「取り次いでもらう」必要があります。うまく相手に電話口に来てもらうためのフレーズをチェックしましょう。

Prime フレーズ

① **May I speak to Mr. Brown?**

ブラウンさんをお願いできますか？

* May の代わりに Can を使うと、もっとカジュアルな感じになります。

② **I'd like to speak to Mr. Johnson, please.**

ジョンソンさんとお話ししたいのですが。

* 疑問文ではなく、このような平叙文で伝えることもできます。

③ **Is Mr. Smith available?**

スミスさんとお話しできますでしょうか？

*「お話しできるようでしたら、代わってください」というニュアンス。

ステップアップフレーズ

1-1 May I talk to Ms. Clark?
クラークさんをお願いできますか？

* 電話の場合、speak to ... と talk to ... は、ほぼ同じ意味で使うことができます。

1-2 May I have Ms. Smith, please?
スミスさんをお願いできますか？

* May I have ...? は、May I have his email address?（彼のメールアドレスを教えてもらえますか？）などのように使うこともできる、便利な表現です。

2-1 I'd like extension 1234, please.
内線の 1234 番をお願いいたします。

2-2 I'd like to speak with Ms. Kim in sales, please.
営業部のキム様をお願いしたいのですが。

*〈in ＋部署名〉を、名前の後に続けることもできます。

3-1 Is Ms. Davis in?
デイビスさんはいらっしゃいますか？

* この in は「社内にいる」という意味です。

Extra I'm not sure who I should speak to.
どなたとお話しすればいいかわからないのですが…。

Track 24

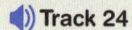

相手と話せるか どうか確認する

かける

相手が電話に出た場合でも、とりわけ「営業」の電話であれば、いきなり一方的に話しかけるのはマナー違反ですね。

Prime フレーズ

① **Do you have time now?**

今、お時間はありますか？

＊「私とお話しする時間はありますか？」ということですね。

② **Are you busy right now?**

今、お忙しいですか？

＊ busy は「忙しい」という意味ですので、そのために「話せない」というニュアンスを含んでいます。

③ **Is now a good time to talk?**

今、お話ししても大丈夫でしょうか？

＊「タイミングがよいかどうか」を尋ねるパターンです。

ステップアップフレーズ

1-1 Do you have a minute?
少しお時間をいただいてよろしいですか？

* a minute は「ほんの短い時間」という意味で、「お時間は取らせません」というニュアンスを出すことができます。

1-2 Do you have time to talk?
お話しする時間はありますか？

1-3 Can I have a minute of your time?
少々お時間をいただけませんか？

* かなり丁寧な言い方です。「あなたの（貴重な）お時間を、1分だけいただけますか」が直訳です。

1-4 Do you have a few minutes to spare?
2、3分、よろしいですか？

* spare は「…を割く」という意味の動詞です。

3-1 Can you talk now?
今、お話しできますか？

* 主語 you を we にすることもできます。

3-2 Do you happen to have any time to talk?
今、お話しする時間はありますか？

* Do you happen to ...? で「ひょっとして～ですか？」というニュアンスです。

🔊 **Track 25**

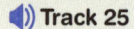

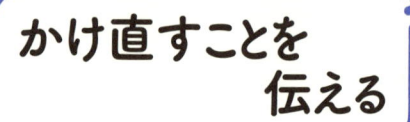

かけ直すことを伝える

相手が不在だったり、多忙で電話に応対できない状況で、「後でもう一度電話する」と伝えるパターンです。「いつかけるのか」を明確に伝える必要があります。

❗ Prime フレーズ

① I'll call him[her] back tomorrow.

明日、またお電話いたします。

* call back ...「…に電話をもう一度かける」を使います。

② Please tell him[her] that I'll call him[her] again in an hour.

1時間程度でまたお電話しますとお伝えください。

③ I'll try his[her] cell phone.

携帯電話にかけてみます。

* 話したい相手の携帯電話の番号を知っている場合、こんなふうに言ってもいいですね。

ステップアップフレーズ

1-1 I'll call again later.

また後でかけ直します。

* later は「後で」という意味。かけ直す時間を特定しない場合には、この later を使うといいでしょう。
sometime later today「今日また後で」と言うこともできます。

1-2 I'll call him[her] back at 5:00.

5時にまたお電話します。

2-1 Could you tell him[her] that I'll call again later?

後でまたお電話しますとお伝えいただけますか?

Extra-1 Do you know when he'll[she'll] be back?

いつお戻りになるか、おわかりになりますか?

* 返事の後に、I'll call back around then.
「そのころにまたお電話します」などと続けるといいでしょう。

Extra-2 When is the best time to reach him[her]?

何時ごろが、一番ご都合がよろしいでしょうか?

* かけ直すべき時間を相手に尋ねるパターンです。

Extra-3 I'll get back to you later.

また後でかけ直しますね。

* 相手に「今は忙しいので」と言われた場合、このように言うこともできます。この get back は「場所に戻る」ではなく、「また連絡する」という意味です。

🔊 Track 26

折り返し電話する

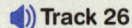

かける

自分の不在時に電話をくれた相手に、「折り返し」電話する場合に用いる表現です。return a call「電話を折り返す」という表現が役立ちます。

🎵 Prime フレーズ

① I'm returning a call from Ms. Brown.

ブラウンさんからお電話をいただいたようなのですが。

＊ この return a call は「電話を折り返す」という意味です。

② This is Hiroshi Suzuki again.

先ほどお電話した鈴木宏です。

＊ again をつけることで、「再度の電話」だということを相手に伝えることができます。

③ Is Mr. Smith back?

スミスさんは戻られましたか？

ステップアップフレーズ

1-1 I'm returning your call.
お電話をいただいたようなのですが。

1-2 This is Catherine Smith returning your call.
キャサリン・スミスですが、お電話をいただいたようですね。

2-1 Sorry to bother you again.
たびたびすみません。
* bother は「迷惑をかける」という意味です。

3-1 Is Ms. Davis back in the office now?
デイビスさんは、オフィスに戻られましたか？

Extra-1 I received a call from this number.
こちらの番号からお電話をいただきました。

Extra-2 I'm sorry for the trouble.
お手数をおかけし、申し訳ありません。
* 何度も電話をかけた場合に、「たびたびすみません」と謝るためのフレーズです。

Extra-3 Ms. Kelly has been trying to reach me since this morning.
今朝から、ケリーさんに何度かお電話をいただいているようなのですが。
*「何回か電話をもらっていたので折り返した」ということ。

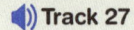

相手不在時のさまざまなパターン

Track 27

かける

先方からこちらに電話を「折り返してもらう」場合や、「電話があった事を伝えてもらう」「やっぱりメールで送ります」などの対応パターンを見ておきましょう。

Prime フレーズ

① Could you have him[her] call me back?

折り返しお電話いただけるようお伝え願えますか？

＊「(話したい相手に) 折り返させてもらえますか？」ということ。have は「…させる」という意味の使役動詞です。

② Could you tell him[her] I called?

電話があったことを伝えていただけますか？

＊ 伝言を頼むわけではなく、とりあえず「電話があったこと」だけを伝えてもらうパターンです。

③ I'll email him[her].

後でメールをお送りします。

ステップアップフレーズ

1-1 When can I expect his[her] call?

いつごろお電話をいただけそうですか？

*折り返しの電話を頼んだ後に、このように確認してもいいでしょう。

1-2 Could I ask you to contact him[her]?

連絡を取っていただけますでしょうか？

*「外出中の人に連絡を取ってみてほしい」という要望を伝えています。

1-3 Please tell him[her] to call me back when he[she] returns.

戻られましたらお電話をいただけるよう、お伝えください。

2-1 Please tell him[her] I called.

電話があったことをお伝えください。

3-1 Please tell him[her] that I'll email him[her] in an hour.

1時間程度でメールをお送りすると、お伝えください。

3-2 I'll send him[her] the document by fax.

書類をファックスでお送りいたします。

*「ファックスで」は by fax と表現します。

🔊 Track 28

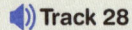

伝言を依頼する

伝言を頼む場合の、定番パターンを押さえましょう。伝言の内容は、伝えるべきことだけを簡潔にまとめるようにしましょう。

Prime フレーズ

1 **Could you take a message?**
伝言をお願いできますか?

* take a message は「伝言を受ける」という意味です。

2 **Could you tell him[her] the meeting has been cancelled?**
打ち合わせがキャンセルになったとお伝えいただけますか?

* Could you tell him[her] ...? に続けて、伝えてほしい内容を言います。

3 **Please tell him[her] that I received the file.**
ファイルを受け取ったとお伝えください。

ステップアップフレーズ

1-1 Can I leave a message for him[her]?
伝言をお願いできますか？

* I を主語にするなら、leave a message という形を用います。

1-2 Could you give him[her] a message?
伝言を伝えていただけますか？

1-3 Could I ask you to take a message?
伝言をお願いしてもよろしいでしょうか？

* 最も丁寧な伝言の頼み方です。

2-1 Could you tell him[her] to send the quotes?
見積もりをお送りいただくようにお伝えいただけますか？

* このように to 不定詞を続けることもできます。

3-1 Please tell him[her] that I sent the sample this morning.
今朝サンプルをお送りしましたとお伝えください。

Extra I'd rather not leave a message.
伝言は結構です。

*「伝言を承りましょうか？」という申し出を断る場合に使えるひとこと。I'd prefer not to leave a message. とも言えます。ちなみに、「ええ、お願いします」と答えるなら、Yes, please. などと言えば OK です。

Track 29

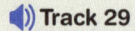

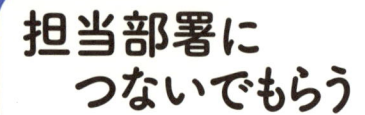

担当部署に つないでもらう

かける

大代表などにかけた場合には、問い合わせたい内容に詳しい専門の「部署」に電話を回してもらう必要が出てきますね。

Prime フレーズ

① HR, please.
人事部の方をお願いします。

* ややカジュアルですが、このように please をつけるだけでも「つないでほしい」という意図を伝えることができます。

② I'd like to talk with the sales department.
営業部の方とお話ししたいのですが。

* someone を使わず、部署名を直接続けることも可能です。

③ Could you put me through to the marketing department, please?
マーケティング部に電話をつないでいただけますか?

🎵 ステップアップフレーズ

1-1 I'd like to speak with someone in HR.
人事部のどなたかとお話ししたいのですが。

*〈someone in +部署〉という形で「…部の人」という意味になります。

1-2 I'm trying to reach someone in PR.
広報部の方に連絡を取りたいのですが。

2-1 Could I talk with the president's office?
社長室をお願いできますか?

2-2 May I have the sales department, please?
営業部をお願いしたいのですが。

3-1 Please connect me to someone in HR.
人事部のどなたかに電話をつないでください。

*〈connect 人 to 相手〉という形で「…に電話をつなぐ」という意味を表します。

3-2 Could you transfer me to the purchasing department, if possible?
できましたら、購買部につないでいただけますか?

担当者の連絡先を尋ねる

Track 30

担当者が不在だった場合に、別の手段で連絡を取るために、その人の別の連絡先（携帯電話の番号など）を尋ねるフレーズです。

Prime フレーズ

① Could I have his[her] cell phone number?

彼（彼女）の携帯電話の番号を教えていただけませんか？

* 「○○さんの携帯電話の番号」は、one's cell number とも言います。

② Could you give me his[her] email address?

彼（彼女）のメールアドレスを教えていただけませんか？

③ Do you know his[her] home number?

彼（彼女）のご自宅の電話番号はおわかりになりますか？

* one's home number は「○○さんの自宅の電話番号」です。

ステップアップフレーズ

1-1 Could you give me his[her] cell number?
彼（彼女）の携帯の番号を教えていただけませんか？

2-1 Sorry to trouble you, but could you give me his[her] email address?
お手数ですが、彼（彼女）のメールアドレスを教えていただけませんか？

* Sorry to trouble you, but ... を頭につけると、丁寧な印象に。

3-1 Could I have his[her] home number?
彼（彼女）のご自宅の電話番号を教えていただけませんか？

Extra-1 I'm afraid the cell number you gave me is wrong.
いただいた携帯番号が違っているようです。

Extra-2 I tried the number you told me, but he[she] didn't pick up.
教えていただいた番号にかけてみたのですが、お出になりませんでした。

* この try は「電話してみる」という意味です。

Extra-3 Do you know where I can reach him[her]?
彼（彼女）にはどこで連絡が取れるか、ご存じですか？

*「どこに連絡すればつかまりますか？」ということ。

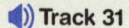

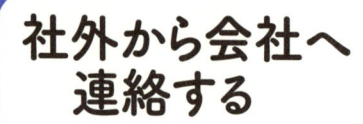

Track 31
社外から会社へ連絡する

営業などで外に出ていた人が、会社に連絡する際の言い回しを取り上げましょう。少しフレンドリーな感じにするといいかもしれません。

Prime フレーズ

① This is Taro Yamada. I'll be back in an hour.

山田太郎です。1時間ほどで戻ります。

* いつ戻るかを連絡するパターン。

② I'd like to go straight home today.

今日は直帰したいのですが。

*「直帰する」は、このように go straight home と表現できます。

③ I've caught a bad cold, so I need to take today off.

ひどい風邪をひいてしまったので、今日は休ませてください。

🎵 **ステップアップフレーズ**

1-1 I'm heading back to the office now.
これから社に戻ります。
* head back to ... は「…に戻る」。

1-2 I'll be about 20 minutes late because of a train accident.
電車の事故のため、20分ほど遅れます。

2-1 I've just finished the meeting with ABC. Would it be okay to go straight home from here?
ABC社との打ち合わせが終わりましたので、このまま直帰してもよろしいでしょうか？

2-2 Could you put on the white board that I'm going straight home today?
今日は直帰するとホワイトボードに書いておいていただけますか？

3-1 I have a terrible headache, so let me take the morning off. I'll be there in the afternoon.
頭痛がひどいので、午前半休をとらせていただきます。午後は出社します。

Extra Were there any phone calls for me?
私あての電話はありましたか？

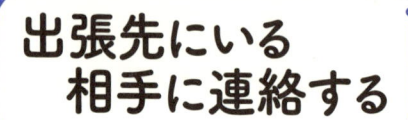

Track 32
出張先にいる相手に連絡する

前の項目とは逆に、出張先のスタッフに「社に残っている人間のほうから連絡する」という状況です。

Prime フレーズ

① Could you put me through to Mr. James in room 335?

335室のジェームズさんにつないでいただけますか？

* 滞在先のホテルに電話をしている状況です。

② I'd like to send a fax to Mr. Smith, one of your guests.

そちらに滞在しているスミスさんにファックスを送りたいのですが。

* この後に続けて、Could I have your fax number?「ファックス番号を教えていただけますか？」などと言えばいいですね。

③ Could I leave a message for Mr. McDonald in room 501?

501号室のマクドナルドさんあてに伝言をお願いできますか？

ステップアップフレーズ

1-1　Could you connect me to room 201, please?
201号室をお願いできますか？

1-2　I'd like to talk to Ms. Kate Smith. My name is Shigeo Suzuki.
ケイト・スミスさんとお話ししたいのですが。私の名前は鈴木重雄です。

2-1　I just sent a fax to one of your guests, Ms. Kelly Glover.
そちらに宿泊しているケリー・グロバーさんあてにファックスを送ったのですが。

＊ファックスを送った後にフォローをする電話です。

2-2　Please pass along the fax I just sent to Mr. Brown who's staying there now.
今送ったファックスを、そちらに滞在しているブラウンさんに渡してください。

3-1　Could I ask you to have Mr. Jones call Nagashima at headquarters?
ジョーンズさんに、本社の長島までお電話をいただけるように伝えてもらえますか？

代理で電話をかける

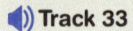

急ぎの用件などで、「代理」の電話をかけるという場合を想定してみましょう。英語に慣れていないと、かなりの緊張を強いられる場面といえますね。

Prime フレーズ

① I'm calling on behalf of Mr. Smith.

スミス氏の代理で電話をしています。

* on behalf of ... は「…の代理で」という意味です。

② I'm calling about a fax we received for Mr. Johnson.

ジョンソンあてにいただいたファックスの件で、お電話いたしました。

* I'm calling about ... で、「…の件で電話しています」という意味になります。

③ Mr. Sato asked me to call you and ask if you received the fax all right.

佐藤から、ファックスをあなた様が無事に受け取られたかどうか、電話をして確認するように依頼されました。

ステップアップフレーズ

1-1 I'm calling for Ms. Roberts, our section chief.
課長のロバーツの代理で電話をしております。

1-2 I'm calling in Mr. Takahashi's stead.
高橋氏の代理で電話をしています。
* in someone's stead も「…の代理で」という意味を表します。

1-3 I'm returning your call on behalf of Ms. Davis.
デイビスに代わって、折り返しお電話を差し上げています。

2-1 Can I talk to you about the fax you sent to our section manager?
弊社の部長あてにお送りいただいたファックスについて、お話しできますか?

3-1 Mr. Saito asked me to call you and tell you that the fax was unclear.
ファックスが鮮明でないと電話でお伝えするよう、斉藤に頼まれました。

Extra This is Mr. Sakata's assistant.
坂田のアシスタントをしている者です。
*「私は山田のアシスタントです」は、
I'm an assistant to Mr. Yamada. と言います。

Track 34

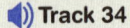

電話を切り上げる

こちらから電話をかけた場合の、「電話を切る際」のパターンを見ておきましょう。「時間を取ってくれたこと」に対する感謝を伝えるといいでしょう。

Prime フレーズ

① Thanks for your time.

お時間をいただきありがとうございました。

*「時間を取って応対してくれた」ことに対する感謝の気持ちを伝えます。

② Nice talking to you.

お話ができてよかったです。

* It was nice talking to you. を短くした言い方です。

③ Talk to you later.

ではまた。

*「また電話します」という意味の、カジュアルな決まり文句です。

ステップアップフレーズ

1-1 Okay, thanks for your time.
それでは、お時間をどうもありがとうございました。

* Okay を冒頭に置くことで、「会話を終わらせる」という「雰囲気」を出すことができます。

2-1 Thank you for making time for me.
お時間をとっていただき、ありがとうございました。

2-2 Sorry to bother you during work.
お仕事中、失礼いたしました。

*「お忙しいところ、失礼いたしました」というニュアンスになります。

3-1 I'll call you again tomorrow then.
それでは、明日またお電話いたします。

3-2 Okay, I'll send you an email later.
それでは、後ほどメールをお送りいたします。

Extra-1 Please say hello to Mr. Taylor.
テイラーさんによろしくお伝えください。

Extra-2 Please give my best regards to Ms. Simon.
サイモン様によろしくお伝えください。

* give one's best regards to ... と say hello to ... は、ほぼ同じ意味の定番表現です。

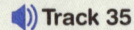

緊急の用件で電話する

どうしても今すぐ伝えなければならない用件がある場合は、「緊急である」ということを取り次ぐ相手に伝えましょう。

Prime フレーズ

① I need to talk with the accounting department.

経理部の方とお話ししたいのですが。

* このように、I need to ... という形を用いると、緊急性の高さを示すことができます。

② Could you tell him[her] to call me back as soon as he[she] returns?

お戻りになり次第、すぐに電話を折り返していただけるようお伝え願えますか?

* as soon as ... 「…したらすぐに」も、緊急性が伝わります。

③ Is there anyone else who can help me regarding this?

この件に関して、誰か他におわかりになる方はいませんか?

* 他の「わかる人」に、ピンチヒッターを依頼するパターンです。

ステップアップフレーズ

1-1 I need to talk with the sales department rather urgently.

販売部をお願いいたします。少々緊急の用件です。

* rather urgently も、「急ぎの用がある」という意味を表す表現です。

1-2 I have to talk to Mr. Gordon because something urgent has come up.

急用ができたので、ゴードン様とお話ししたいのですが。

2-1 I need to speak with someone in the editorial department ASAP.

編集部のどなたかと至急お話ししたいのですが。

* ASAP は as soon as possible「できるだけ早く」の略で、[エイ・エス・エイ・ピー] あるいは [エイサップ] と発音します。

3-1 Is there anyone else who understands the situation?

事情がわかる方は、他にいらっしゃいませんか？

Extra Does he[she] have an emergency number where I can reach him[her] right away?

すぐに彼（彼女）と連絡が取れる、緊急用の連絡先はありませんか？

* emergency number は、「緊急時に連絡できる番号」のことを指します。通常は、個人の携帯電話の番号などになります。

◀)) Track 36

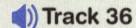

自分の連絡先を伝える

かける

電話の相手に、自分の連絡先を伝える場合の言い方を確認しておきましょう。メールアドレスや電話番号などは、ゆっくり、そしてはっきり読み上げるようにしましょう。

🎙 Prime フレーズ

① My cell phone number is XXX-XXXX-XXXX.

私の携帯電話の番号は XXX-XXXX-XXXX です。

・・・・・・・・・・・・・・・・・・・・・・・・・・・・・・

② Our address is 4-5-4 Shibaura, Minato-ku, Tokyo.

弊社の住所は東京都港区芝浦4-5-4です。

＊英語式の住所の言い方に慣れておきましょう。

・・・・・・・・・・・・・・・・・・・・・・・・・・・・・・

③ My emergency number is XXX-XXXX-XXXX.

私の緊急時の連絡先は XXX-XXXX-XXXX です。

ステップアップフレーズ

1-1 Let me give you my cell number just in case.

念のため、私の携帯電話の番号をお伝えしておきますね。

1-2 Shall I give you my cell phone number?

携帯の電話番号をお教えしましょうか？

* Shall I ...? は「…しましょうか？」と申し出るときの表現です。

2-1 Shall I also give you our snail-mail address?

住所もお教えしておきましょうか？

* email に対して、「普通の郵便」のことを snail mail と言ったりします。「snail（カタツムリ）のように遅く届く」ということです。

3-1 If there's an emergency, please call XXX-XXXX-XXXX.

緊急の場合は、XXX-XXXX-XXXX に電話してください。

Extra-1 The extension number is 6317.

内線番号は 6317 です。

Extra-2 Do you happen to know my email address?

私のメールアドレスはご存じですか？

Track 37

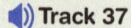

相手の携帯電話にかける

かける

「XXXさんの携帯電話でしょうか」のように確認したり、「今ちょっとよろしいですか?」のように気づかったりするひとことを覚えておきましょう。

🎙 Prime フレーズ

① Hello. Is this Mr. Johnson's cell phone?

もしもし、ジョンソン様の携帯電話でしょうか?

---

② Can we talk now?

今、お電話よろしいですか?

＊相手の都合を確認するためのひとこと。

---

③ This is Takeshi. How are you today?

武です。お元気ですか?

＊携帯電話の場合、ほぼ確実には「話したい相手」が出るわけですから、相手との関係によってはこんなフレンドリーな表現を使うこともできます。

ステップアップフレーズ

1-1 Am I talking to Ms. Morris?

モリスさんにつながっていますでしょうか？

*「直通電話」にかけた場合などにも、
この言い方を使うことができます。

2-1 Can we talk for just a second?

少しだけお話しできますか？

2-2 Is this a convenient time for you to talk on the phone?

電話でお話しするのに、今、ご都合はよろしいですか？

* convenient は「都合がよい」という意味の形容詞です。

2-3 Good morning. Keeping busy?

おはよう。相変わらず忙しくしてるの？

* Keeping busy? は Are you keeping busy? を省略した形で、
「忙しくしてる？」「頑張ってる？」のような
フレンドリーなひとことです。

Extra-1 There was a call for you at the office from Mr. Roberts.

ロバーツ様から、会社のほうに電話がありましたよ。

* この後に、He[She] needs to speak with you ASAP.
（至急電話でお話ししたいそうです）などと加えてもいいでしょう。

Extra-2 I'm sorry to trouble you while you're out.

外出中にお手間をかけてしまってすみません。

留守番電話に伝言を残す

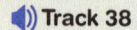

留守番電話への伝言の基本的なものを集めてみました。This is ... や I'm ... などを使って、最初に名前を名乗るのが基本です。

Prime フレーズ

① This is Sanae Morimoto from XYZ. Could you give me a call when you get this message?

XYZ社の森本早苗です。このメッセージを聞かれましたら、電話をいただけますか?

② I just called you to check a few things out with the ABC project.

ABC社のプロジェクトについて、いくつかお聞きしたいことがあったので電話しました。

* I (just) called to ... で、電話の「目的」を示すことができます。

③ This is John. I'll call again later.

ジョンです。また電話しますね。

🎵 ステップアップフレーズ

1-1 **Please give me a call when you can.**

都合のよいときに、電話をください。

* when you can は「できるときに」、つまり
「都合がよいときでいいので」というニュアンスです。

1-2 **Please call me back as soon as you can.**

なるべく早くお電話をお願いします。

1-3 **Be sure to return my call at your earliest convenience.**

ご都合がつき次第、必ず電話を折り返してください。

* at one's earliest convenience で、
「都合がつく最も早いときに」という意味を表します。

3-1 **I'll try again later.**

また後で電話してみます。

* この try は「電話をかけてみる」というニュアンスです。
I'll try calling back later. と言うこともできます。

3-2 **I'll call you back in two hours.**

また2時間後にお電話いたします。

Extra **Could you call me at XXX-XXXX-XXXX?**

XXX-XXXX-XXXX まで、お電話いただけませんか？

Track 39

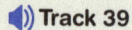

電話に出た相手とのスモールトーク

かける

あまりにビジネスライクな会話ばかりでは、つまらないですよね。たまには、ちょっとした「スモールトーク」を楽しんでみませんか？

Prime フレーズ

① I've heard all about you.

お噂はかねがねうかがっています。

* I've heard a lot about you. や I've heard a great deal about you. などのように言うこともできます。

② Business is beginning to pick up.

景気が上向き始めていますね。

* この business は「景気」というニュアンスです。

③ How's everything?

景気はどうですか？

ステップアップフレーズ

1-1 Your reputation precedes you.
お噂はかねがねお聞きしております。

*「噂が、本人よりも先行している」→「実際に会うよりも前に、噂を聞き及んでいる」ということ。やや固いですが、こんなふうに言うこともできます。

1-2 I've heard so much about you.
お噂はかねがねうかがっております。

* なお、I've heard about you. と言ってしまうと、「悪い噂を耳にしたぞ」という意味に捉えられてしまう恐れがあるので注意しましょう。

2-1 Things are looking up.
景気が上向いています。

2-2 Business is improving.
景気はよくなっています。

3-1 How's business?
景気はどうですか？

3-2 How's the world treating you?
景気はどうですか？

*「世界はあなたをどのように扱っていますか？」というのが直訳。How's the world been treating you? とも言います。

Dialogue

サンプル会話例

A: Hello. This is ABC Corporation.
もしもし、ABC コーポレーションでございます。

B: Hi, this is Takashi Yamamoto from XYZ Engineering.
こんにちは。XYZ エンジニアリングの山本隆と申します。

A: What can I do for you today?
どのようなご用件でしょうか?

B: I'd like to speak with Ms. Kim in sales, please.
営業部のキム様をお願いしたいのですが。

A: Certainly. Please hold on.
かしこまりました。お待ちください。

B: Thanks.
ありがとうございます。

A: Sorry, Mr. Yamamoto. She's out of the office now.

すみません、山本様。キムは外出中です。

B: Do you know when she'll be back?

いつお戻りになるかご存じですか?

A: I'm sorry, I don't know.

すみませんが、わかりません。

B: Can I leave a message for her?

伝言をお願いしてもよろしいでしょうか?

A: Sure. Please go ahead.

ええ、どうぞ。

B: Could you tell her the meeting has been cancelled?

打ち合わせがキャンセルになったと伝えていただけますか?

A: I sure will.

必ずお伝えします。

Column

英語の「あいづち」表現

電話では相手の顔が見えないので、積極的に「あいづち」を打って、「話を聞いている」ことを相手に示したほうがいいでしょう。

〈「肯定」を示すあいづちの例〉
- **Uh-huh.**「そうですね」
- **Sounds good.**「よさそうですね」
- **Me too.**「私もです」
- **That makes sense.**「確かにそうですね」
- **I think[believe] so.**「そうだと思います」
- **I see your point.**「わかります」

〈「否定」を示すあいづちの例〉
- **I don't think so.**「違うと思います」
- **I'm afraid not.**「違うと思いますが」
- **That's not true.**「それは間違っています」

〈「確認」するためのあいづちの例〉
- **Is that right?**「それで合っていますか?」
- **Are you sure?**「確かですか?」
- **Are you serious?**「本気ですか?」

Chapter 3

問い合わせる・問い合わせに対応する

　単に電話を受けたりかけたりするだけでなく、実際の業務に対応するためのフレーズを覚えていきましょう。まずは「問い合わせ」に関するフレーズです。

在庫を問い合わせる

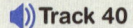

Track 40

探している製品などの在庫があるかどうかを、電話で問い合わせる場合の表現です。「入荷したら連絡してもらう」など、さまざまな状況に対応できます。

Prime フレーズ

① **Do you have enough stock?**

在庫は十分ありますか？

② **Do you have the ABC123 printer in inventory?**

ABC123型プリンタの在庫はありますか？

* in inventory は「在庫がある」という意味で、in stock と言うこともできます。

③ **Could you call us when they come in?**

入荷したら、ご連絡いただけますか？

ステップアップフレーズ

1-1 Do you still have the product in stock?
その製品は、まだ在庫はありますか？

1-2 Could I ask you to check the inventory?
在庫を確認していただくことはできますか？

2-1 Do you have the ABC123 printer in?
ABC123型プリンタの在庫はありますか？

* この in は in stock「在庫がある」を省略した形です。

3-1 When will you have it in stock?
入荷はいつになりますか？

* have ... in stock で、「…の在庫がある」という意味になります。

3-2 Please email me as soon as you get them.
入荷次第、メールで連絡してください。

3-3 When do you expect to have more?
追加の入荷はいつになりますか？

* 先方の在庫が不十分だった場合などに使える表現。

🔊 Track 41

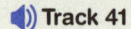

在庫の問い合わせに答える

受ける

在庫に関するさまざまな問い合わせに応じるための表現です。最終的に注文してもらえるように、うまく対応したいところです。

🎤 Prime フレーズ

① **We have that item in inventory.**

その製品は、在庫がございます。

② **We have plenty of that in inventory.**

その製品は、在庫が十分にあります。

* plenty of ...「大量の…」を使って、「十分に在庫がある」ことを伝えています。

③ **It's out of stock right now, but we'll be getting more later this week.**

その製品は、ただいま在庫切れですが、今週中に入荷します。

* out of stock は「在庫がない」という意味です。

ステップアップフレーズ

1-1 We have that model in stock.
その型でしたら、在庫がございます。

2-1 No problem. We have lots of stock in that model.
大丈夫です。その型でしたら、十分在庫がございます。

3-1 We're out of inventory right now.
ただいま在庫を切らしております。
* out of inventory で、「在庫がない」という意味になります。out of stock でも OK です。

3-2 We're almost out of inventory now.
ただ今、ほとんど在庫がありません。

Extra-1 We no longer make that model.
その型の製品は、もう製造しておりません。
* no longer「もはや…ない」。

Extra-2 How many do you need?
いくつ必要でしょうか?

Extra-3 Shall we send you some samples?
サンプルをお送りいたしましょうか?

🔊 Track 42

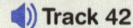

価格に関する質問や交渉をする

かける

価格についてのやり取りを、電話で展開する際に必要となるフレーズです。価格は大変重要な情報なので、聞き取りにも注意が必要ですね。

🎵 Prime フレーズ

① **What's the unit price of this model?**

このモデルの単価はいくらですか？

* unit price は「単価」です。

② **Could you send us an estimate?**

見積もりを送っていただけますか？

* 見積もりの送付を頼む場合には、このように send ... an estimate という表現を使います。

③ **Could you give us a discount?**

値引きしていただけませんか？

ステップアップフレーズ

1-1 How much does it cost?
それはいくらしますか？

1-2 How much is Model ABC123 per unit?
ABC123 型は1台いくらですか？

* per unit で「1台あたり」という意味になります。
What is the unit price for Model ABC123? でも OK です。

1-3 What would be the total charge for this order?
この注文をした場合、合計でいくらになりますか？

2-1 Could I get an estimate first?
まずは見積もりをいただけますか？

3-1 The price seems a little too high.
値段が少し高すぎるように思われます。

3-2 Could you lower the price a bit?
値段を少し下げていただけませんか？

Extra-1 Do you have anything cheaper?
もっと安いものはありませんか？

Extra-2 Do you have bulk discounts?
大量購入割引はしてもらえますか？

* bulk は「大量」という意味で、
bulk order なら「大口注文」という意味になります。

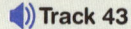

納期・支払い方法・保証などを尋ねる

Track 43

ビジネスを進める際に不可欠な「納期」「支払い方法」「保証」などの情報を確認するためのフレーズを集めました。

Prime フレーズ

① How soon can you deliver the product?

製品は、いつ納品できますか？

* How soon ...? は「どのくらい早く…？」ということで、「いつできるか」を尋ねる表現です。

② What is the payment method?

支払方法はどのようになりますか？

* How do I need to pay? と言うこともできます。

③ How long is the warranty?

保証期間はどのくらいですか？

ステップアップフレーズ

1-1 When can you deliver it?
いつ届けられますか？

*「納品」がいつになるかを尋ねています。

1-2 What's the soonest you can deliver them to me?
一番早くていつ届きますか？

* the soonest「最も早く」を用いているため、「一番早くていつになるか」を尋ねています。

2-1 What payment options are available?
どのような支払方法がありますか？

* option は「選択肢」、available は「利用できる」という意味です。

3-1 Is the product guaranteed?
その製品には保証はついていますか？

Extra-1 Is it possible to have it delivered by April 3?
4月3日までに届けていただくことは可能ですか？

* have it delivered は「それを届けられた状態にする」、つまり「それを届けてもらう」という意味です。

Extra-2 Could you ship it today?
本日中に出荷していただけますか？

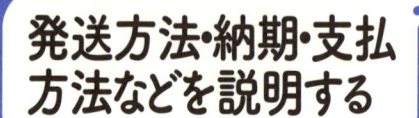

発送方法・納期・支払方法などを説明する

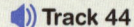

クライアントから「発送方法」「納期」「支払方法」などについての質問を受けた際に、きちんと電話で説明するためのフレーズです。

Prime フレーズ

① We'll send them to you by COD.

着払いにてお送りいたします。

* COD は cash[collect] on delivery「現金着払い」の略語です。

---

② It will take about two weeks to get them to you.

お届けには2週間ほどかかります。

* 〈It will take 時間 to do〉「…するのに〜かかるでしょう」という構文を使うのが基本です。

---

③ Please pay within 10 days of receiving the invoice.

請求書受領後、10日以内にお支払いください。

ステップアップフレーズ

1-1 How would you like these products to be shipped?

どのような方法での発送をご希望ですか？

*「速達にしてください」と答えるなら、
Can you send them express? のように言います。

1-2 Shall we ship them all at once?

まとめて発送いたしましょうか？

1-3 If you need to receive them this week, we recommend using JedEx overnight instead of USPS.

今週中に受け取る必要がある場合は、郵便ではなく、ジェデックスの翌日サービスのご利用をお勧めします。

2-1 We should be able to ship it within three business days.

3営業日以内には発送できると思います。

3-1 We need to verify payment first before we ship your order.

ご注文品を発送する前に、お振込を確認させていただきます。

*「入金後の発送」の場合は、このように伝えましょう。

Extra The total comes to 50 dollars.

合計で50ドルになります。

🔊 **Track 45**

注文する

かける

話を聞いた上で、「商品の注文」というステップに進んだ場合を想定してみました。「注文する」は place an order と表現します。

🥢 Prime フレーズ

① **I'd like to place an order.**

注文したいのですが。

・・・・・・・・・・・・・・・・・・・・・・・・・・・

② **I'd like to order 20 units of the ABC123 printer.**

ABC123 型のプリンタを 20 台注文します。

＊「個数」を伝える場合、このように XX units of ... などの表現が用いられます。

・・・・・・・・・・・・・・・・・・・・・・・・・・・

③ **I'd like to place an order at the quoted price.**

見積もっていただいた金額で、注文したいのですが。

ステップアップフレーズ

1-1 Can I order by email?
メールで注文することはできますか？

1-2 Can I order over the phone?
電話で注文することはできますか？

2-1 I'd like to order 20 printers.
プリンタを20台注文したいのですが。

＊このように、「単位」を省いたシンプルな言い方も用いることができます。

2-2 I'd like to order some items in your catalog.
カタログにある製品をいくつか注文したいのですが。

2-3 I'd like to order ABC123 printers as listed in your catalog.
カタログに載っている、ABC123型のプリンタを注文したいのですが。

3-1 Thank you for the estimate. We'd like to place an order at that price.
お見積もりをありがとうございました。その価格で、注文をさせていただきます。

＊見積もりに対してゴーサインを出す表現です。

注文を変更する

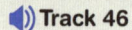

🔊 Track 46

既に依頼してある注文の内容を、後で変更するパターンです。「何をどう変えたいのか」を、きちんと伝えましょう。

🎙 Prime フレーズ

(1) I'd like to change my order from 10 units to 20 units.

注文個数を10個から20個に変えたいのですが。

* change A from B で「AからBに変更する」という意味になります。

(2) I'd like to place an additional order.

追加の注文をお願いしたいのですが。

*「追加注文」は additional order と表現します。

(3) I'm sorry, but I need to cancel my order.

すみませんが、注文をキャンセルしたいのですが。

ステップアップフレーズ

1-1 Can I change my order?
注文を変更できますか？

2-2 Can we reduce my order?
注文数を減らすことはできますか？

* reduce one's order で「注文数を減らす」という意味になります。

2-3 I'd like to order two more units.
あと2つ注文したいのですが。

2-4 I'd like to add two units of the ABC123 printer to our recent order.
先日の注文分に、ABC123型のプリンタを2台追加したいのですが。

3-1 Is it still possible to cancel my order?
注文のキャンセルはまだ可能ですか？

Extra Do we need to pay a cancellation fee?
キャンセル料を払う必要はありますか？

*「キャンセル料はいくらですか？」と聞くなら、What is the cancellation fee? と言えばOKです。

注文を受ける

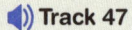

Track 47

問い合わせをしてきた顧客から、注文を受けるケースです。すみやかに、そして注文に対する簡単な「お礼」のひとこともお忘れなく。

Prime フレーズ

① **I can take your order now.**
では、ご注文をどうぞ。

*「注文内容を言ってもらう」場合は、このように声をかけます。

② **How many do you need?**
いくつご入り用ですか？

* How many units do you need? でも OK です。

③ **Thank you for your order.**
ご注文ありがとうございます。

ステップアップフレーズ

1-1 Okay, can I take your order now?
それでは、ご注文をどうぞ。

2-1 May I have the product number and quantity, please?
製品番号と個数を教えていただけますか？

* quantity は「量」です。May I have ...? は「…をお願いできますか？」と、丁寧に尋ねる場合に使える表現です。

2-2 May I have your name, address and telephone number?
お名前とご住所、お電話番号をいただけますか？

3-1 We look forward to doing business with you again.
またのご注文をお待ちしております。

* do business with ... は「…と仕事をする」「…と取引する」という意味です。

Extra-1 Do you have an account with us?
弊社のアカウントはお持ちですか？

* 顧客情報が登録されているかを確認する表現です。

Extra-2 Let me send you an order confirmation by email.
注文確認書をメールにてお送りいたします。

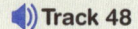

FAX送受信後の確認をする

Track 48

受ける　かける

注文票などをファックスした後に、「ちゃんと届きましたか？」「見えますか？」など、確認の電話をかけるという状況です。

Prime フレーズ

① **Did you receive the fax I sent a while ago?**

先ほどお送りしたファックスは、届いていますか？

＊「ファックスを受け取る」は receive the fax と言います。

② **I'll send the document by fax.**

その文書はファックスでお送りします。

③ **Can you check your fax machine?**

ファックスの機械を確認してもらえますか？

ステップアップフレーズ

1-1 **I just faxed the order confirmation. Did it arrive?**

注文確認書をファックスしましたが、届きましたでしょうか？

* fax は、このように動詞として使うこともできます。

2-1 **Let me send the order form by fax.**

注文フォームをファックスでお送りします。

2-2 **I'll send you an order form by fax, so could you fill it in and return it by tomorrow afternoon?**

注文フォームをファックスしますので、明日の午後までに記入して送り返していただけますか？

3-1 **It seems the fax hasn't arrived yet.**

まだファックスは届いていないようですが。

* I haven't received your fax yet.（まだ受け取っておりません）と言うこともできます。

Extra-1 **The fax you sent is not clear.**

送っていただいたファックスがはっきり読めないのですが。

Extra-2 **I'm afraid I can't read the small print on your fax.**

文字が小さくて、ファックスが読めないのですが。

Track 49

クレームをつける

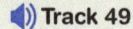

納品されたものが破損していた場合など、相手の不備に対しては、クレームをつけるのが当然ですね。電話でクレームを言う場合の頻出パターンを見てみましょう。

Prime フレーズ

1 I haven't received my order yet.

まだ注文品が届いていないのですが。

* My order hasn't arrived yet. と言うこともできます。

2 It's not what I ordered.

私の注文したものとは違っています。

3 By when can you replace them?

いつまでに交換していただけますか？

* By when ...? で、「いつまでに…？」という意味を表します。

ステップアップフレーズ

1-1 My order should have arrived yesterday, but it didn't.

私の注文したものは昨日届くはずだったのに、まだ届いていません。

*〈should have ＋過去分詞〉は「…したはずなのにしていない」という意味です。

2-1 There aren't enough. There should be three more units.

数が足りません。あと3個頼んだはずなのですが。

3-1 I need you to deliver them by tomorrow.

明日までに届けてもらわないと困ります。

*I need you to ... は、比較的強い口調になります。

Extra-1 Let me talk to the person in charge.

担当者の方をお願いしたいのですが。

Extra-2 Please let me speak to your supervisor.

上司の方と代わってください。

Extra-3 Could you look into this issue right away?

直ちにこの問題を調べていただけますか？

🔊 Track 50

クレームに対応する

受ける

万が一クレームが入ってしまった場合には、真摯な対応を心がけたいところ。まずは、きちんとした形で謝意を伝えることが大切です。

🎤 Prime フレーズ

① I'm very sorry about what happened.

こんなことになってしまい、本当に申し訳ございませんでした。

・・・・・・・・・・・・・・・・・・・・・・・・・・・・

② I'll send a replacement immediately.

交換品を、直ちにお送りいたします。

* a replacement は「代わりの品」という意味です。

・・・・・・・・・・・・・・・・・・・・・・・・・・・・

③ I'll check with the delivery department.

配送部のほうでお調べいたします。

ステップアップフレーズ

1-1 I'll make sure it won't happen again.
このようなことが二度と起こらないようにいたします。
* make sure ... は「…を確実にする」、つまり「必ず…するようにする」という意味になります。

1-2 We're really sorry to have inconvenienced you.
ご迷惑をおかけし、申し訳ございませんでした。
* inconvenience は「迷惑をかける」という意味の他動詞。

2-1 I'll have the correct product sent right away.
直ちに正しい製品の発送を手配いたします。
* have ... sent は「…の発送を手配する」というニュアンスです。

3-1 I'll send someone to investigate that immediately.
直ちに人を派遣し、その件の調査に当たらせます。

Extra We're terribly sorry, but please wait a little longer. It should reach you in one or two days.
大変申し訳ございませんが、もう少々お待ちくださいませ。あと1日ないし2日でお手元に届くはずですので。

* 発送の遅れなどを指摘された際の答え。

Track 51

営業時間や場所などを問い合わせる

かける

営業時間や所在地などについて問い合わせる場合の表現です。ファックスやメールで、地図などを送ってもらうよう頼むというパターンも考えられますね。

Prime フレーズ

① What are your business hours?

営業時間を教えてもらえますか？

* business hours は「営業時間」という意味。regular business hours なら「通常営業時間」という意味になります。

② Do you have a website?

ホームページはありますか？

③ Where's the closest station?

最寄駅はどちらでしょうか？

*「最寄駅」は the nearest station とも言います。

🎵 ステップアップフレーズ

1-1 Are you open on weekends?
週末も営業していますか？

* on weekends のように、前置詞は on を使います。「平日は」なら on weekdays です。

1-2 What time do you close?
閉店は何時ですか？

* Until what time are you open? と言うこともできます。

1-3 Will you be open during Golden Week?
ゴールデンウィーク中は、営業していますか？

2-1 Is there a map on your website?
御社のホームページに地図はありますか？

3-1 Could I have the name of the closest station, please?
最寄駅の名前を教えていただけますか？

Extra-1 How do I get to your office?
御社には、どうやって行けばいいでしょうか？

Extra-2 Is there a landmark near your office?
オフィスの近くに目印になるものはありますか？

* landmark「ランドマーク」とは、場所を特定できるような「目立つ建物」などを指します。

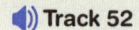

営業時間や場所などの問い合わせに応じる

Track 52

受ける

営業時間や場所などの問い合わせに電話で答えるパターンです。駅からの道順や、ランドマークなどを伝えましょう。

Prime フレーズ

① **Our business hours are from 9:00 to 5:00.**

弊社の営業時間は9時から5時までです。

* from A to B で「AからBまで」という意味になります。from A until B とも言えます。

② **We're closest to Nippori Station on the Yamanote Line.**

弊社の最寄り駅は、山手線の日暮里駅です。

③ **It's across the street from the train station.**

通りをはさんで駅の真向かいにあります。

ステップアップフレーズ

1-1　We're open from Monday to Friday.

月曜日から金曜日まで営業しております。

* from Monday through Friday でも OK。

1-2　We're open seven days a week.

年中無休です。

* open 24 hours, 7 days a week なら、「24 時間年中無休」という意味になります。カジュアルな会話では、open 24/7 のように言う場合もあります（open twenty-four seven と読みます）。

2-1　Take Exit B4 out of the subway station.

地下鉄の駅の B4 出口から出てください。

2-2　Our office is near Tamachi Station.

弊社は田町駅の近くにございます。

3-1　We're on the 12th floor.

弊社は 12 階にあります。

Extra-1　You can't miss it.

すぐにおわかりになると思います。

* この can't miss は「見逃すはずがない」という意味を表しています。

Extra-2　Please call us if you can't find our building.

弊社のビルが見つからない場合は、お電話ください。

Dialogue

サンプル会話例

A: Do you have the ABC123 printer in stock?

ABC123 型のプリンタの在庫はありますか？

B: It's out of stock right now, but we'll be getting more later this week.

今は在庫がございませんが、今週中に入荷する予定です。

A: Could you call us when they come in?

入荷したら、お電話いただけますか？

B: Certainly.

かしこまりました。

A: How much is it per unit?

単価はおいくらでしょうか？

B: The unit price of our ABC123 model is 230,000 yen.

ABC123 型の単価は 230,000 円です。

A: We're planning to order 2,000 units, but is there a bulk discount if we order more?

2,000台注文する予定ですが、もっと大口の注文にすれば、大量購入割引がありますか？

B: We give a 10-percent discount for orders larger than 5,000 units.

5,000台以上のご注文の場合、10パーセントの割引をいたします。

A: I understand. What are the terms of payment?

わかりました。支払条件は、どのようになりますか？

B: We need to verify payment first before we ship your order.

発送前に、お振込を確認させていただきます。

A: All right.

わかりました。

Column

スペリングを説明するための表現

スペリングを説明する際には、アルファベットを1つずつ読み上げるしか方法はありません。どのアルファベットなのかを確実に伝えるために、英語では A as in animal「animal の最初の文字の A」のような言い方が用いられます。どのような単語を「引き合い」に出してもいいのですが、NATO によって標準化された「NATO フォネティックコード」というものがあり、このリストの単語を使うのが正式とされています。

NATO フォネティックコード

A	Alfa	N	November
B	Bravo	O	Oscar
C	Charlie	P	Papa
D	Delta	Q	Quebec
E	Echo	R	Romeo
F	Foxtrot	S	Sierra
G	Golf	T	Tango
H	Hotel	U	Uniform
I	India	V	Victor
J	Juliett	W	Whiskey
K	Kilo	X	X-ray
L	Lima	Y	Yankee
M	Mike	Z	Zulu

Chapter 4

営業する・アポイントをとる

「飛び込み」の場合も含めた、営業活動の電話表現を見ていきましょう。メールのほうが優勢にはなりましたが、電話は今も変わらない、強力な「営業ツール」です。

初めて連絡をとる

Track 53 / かける

初めての相手に電話をかける場合は、「…からの紹介です」などのように「紹介者」について触れることがよくあります。

Prime フレーズ

① **I'm calling for the first time.**

はじめてお電話させていただいております。

* for the first time で「はじめて」という意味になります。

② **I was referred to you by Ms. Roberts.**

ロバーツ様にご紹介いただきました。

* refer は「…を紹介する」。ここでは受身の形になっています。

③ **I'm calling you on recommendation of Mr. Sato.**

佐藤様にお勧めいただき、お電話させていただいております。

ステップアップフレーズ

1-1 My name is Nanako Komatsu. I'm calling for the first time.

小松奈々子と申します。はじめてお電話させていただいております。

2-1 Mr. Brown at XYZ introduced me.

XYZ社のブラウン様よりご紹介いただきました。

* to your company / to you が省略された形です。

2-2 Ms. Matsuda at ABC gave me your number.

ABC社の松田様に御社のお電話番号を教えていただきました。

3-1 Mr. Yoshida advised me to get in touch with you.

吉田様に、御社に連絡を取るようご助言いただきました。

* advise の代わりに suggest を使って、... suggested that I get in touch with you. と言うこともできます。

Extra I got your number from your website.

御社のウェブサイトを見て、お電話いたしました。

*「ホームページに書いてある電話番号を見て電話している」ということ。

Track 54

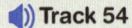

売り込みの電話をかける

自社の製品やサービスなどを売り込む電話をかける際に使えるフレーズです。自社の製品・サービスの良さを積極的にアピールしてみましょう。

● Prime フレーズ

① I'm calling to introduce our latest model.

弊社の最新モデルをご案内するために、お電話させていただきました。

② We have very good prices on everything you need.

御社が必要とするあらゆるものを、お手ごろな価格でご用意しております。

* このようなやや「大げさな」売り込み文句も、ときには活用してみましょう。

③ Our service will help boost your sales.

弊社のサービスは、御社の売り上げを大幅にアップさせます。

* boost は「…を増やす」という意味です。

ステップアップフレーズ

1-1 I'm calling today about our new services.

弊社の新サービスに関するご案内で、お電話させていただきました。

2-1 I'm pleased to inform you that our XYZ789 model printer is currently on sale.

弊社のXYZ789型プリンタを、現在特別価格にてご奉仕しております。

2-2 Our products are the best in the industry.

弊社の製品は、業界ナンバーワンです。

3-1 You can save a lot of time and money with our system.

弊社のシステムを導入していただければ、時間とコストを大幅に節約できます。

* with ... で「…があれば」「…を導入すれば」という意味を表すことができます。

Extra Please feel free to call me with any questions.

何かご質問がありましたら、どうぞお気軽にお電話ください。

Track 55

アポイントを取りつける

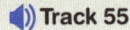

かける

営業の次のステップは、アポイントを取って訪問することですね。ここは、なんとしても訪問の約束を取りつけたいところです。

Prime フレーズ

1 I'd like to make an appointment to meet you.

お会いするお約束をさせていただきたいのですが。

* make an appointment to ... は
「…するための約束をとりつける」という意味です。

2 I'd like to meet you in person.

直接会ってお話ししたいのですが。

* in person は「(電話でなく)直接」という意味です。
personally でも OK です。

3 Are you available this week?

今週、お時間はございますか?

ステップアップフレーズ

1-1 I'd like to meet with you one of these days.

近々お会いできればと思っております。

* one of these days は「近いうちに」という意味です。

1-2 I'd like to meet you within a few days.

2、3日中にお会いできればと思っております。

2-1 I'd prefer to meet you in person, if possible.

もしよろしければ、直接お会いしてお話ししたいのですが。

* prefer to ... は「…するほうをより好む」ということなので、「電話ではなくて、会いたい」という気持ちを込めています。

3-1 Do you happen to have some time next week?

来週、お時間はございませんか？

* Do you happen to ...? は「ひょっとしたら、…ですか？」のようなニュアンスで、「無理強いはしていない」ということをアピールできます。

Extra Can I stop by your office to explain more?

もっと詳しくご説明するために、そちらにお伺いしてもよろしいでしょうか？

* stop by で「立ち寄る」。

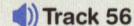

日時を提案する

Track 56

相手の都合とこちらの希望をうまくすり合わせて、打ち合わせの日時を決めましょう。How about ...? などの「提案」する表現を活用するといいでしょう。

Prime フレーズ

① **What time would be convenient for you?**

何時がご都合がよろしいですか？

② **How about Friday morning?**

金曜日の午前はいかがですか？

③ **Any time that's convenient for you is fine with me.**

あなたのご都合のよろしい時間で結構です。

*「あなたにとって都合のよい時間なら、それが何時であってもこちらは構いません」が直訳。

ステップアップフレーズ

1-1 What day is good for you next week?

来週でしたら、いつがよろしいでしょうか？

* What day are you available next week?
と言うこともできます。

2-1 Would you be able to meet me on Friday?

金曜日にお会いできませんでしょうか？

2-2 How about the day after tomorrow?

明後日はいかがですか？

2-3 How about Tuesday at 4:00?

火曜日の4時はいかがですか？

* 選択肢を複数示すのであれば、
How about Thursday or Friday?（木曜日か金曜日は
いかがでしょうか？）のように聞くこともできます。

3-1 Any time after 3:00 is fine with me.

3時以降でしたら、何時でも構いません。

3-2 I can arrange my schedule around yours.

そちらのご都合に合わせられます。

* arrange one's schedule around ... は「スケジュールを…に合わせる」という意味です。

場所を決める

Track 57 / かける

打ち合わせをする場所を提案するパターンです。「待ち合わせ場所」について話し合う表現も、ぜひチェックしておいてください。

🎙 Prime フレーズ

① How about tomorrow morning at your office?

明日の午前、そちらのオフィスではいかがでしょうか？

② Let's meet at the coffee shop in front of Nezu Station.

根津駅を出たところにある喫茶店で落ち合いましょう。

* Let's ... も、How about ...? と同じく「提案」をする際の定番表現です。

③ I'll be waiting for you in front of the post office.

郵便局の前でお待ちしております。

ステップアップフレーズ

1-1 Can you meet me at my office?
私のオフィスではいかがですか？

2-1 Let's meet on the first floor of our building.
弊社の1階でお会いしましょう。

3-1 I'll be waiting for you outside the west exit.
西口を出たところでお待ちしております。

Extra-1 Where would you like to meet?
どちらでお会いしましょうか？

Extra-2 If it's all right with you, I can visit you there.
もしよろしければ、そちらにお伺いすることもできますが。

* if it's all right は「よろしければ」「差し支えなければ」というニュアンスです。

Extra-3 If you can't find me, please call my cell phone.
私が見つからなかったら、携帯に電話してください。

Track 58

アポイントの日時や場所を変更する

いったん決めたアポイントの日時や場所を変更する場合の表現です。would や could などの「仮定法の助動詞」を使って、丁寧な言い方をしましょう。

Prime フレーズ

① Would it be possible to change our appointment time?

お約束の時間を変更して頂くことはできますか？

* Would it be possible ...? は Can you[we] ...? よりも、かなり丁寧な響きのある表現になります。
また、time を place に変えれば、「場所の変更」になります。

② Would it be possible to change the date?

日にちを変えていただくことはできますか？

③ Can we make it later in the week?

その週の、後半にしていただけませんか？

ステップアップフレーズ

1-1 Would it be possible to change the time to 2:30?

時間を2時半に変更できますか?

1-2 Can we meet at the ABC Café instead of my office?

私のオフィスではなく、ABCカフェでお会いできますか?

* instead of ...「…の代わりに」「…ではなく」を使うことで、「変更」であることがわかります。

2-1 I'd like to change our Tuesday appointment to Wednesday.

火曜日のお約束を、水曜日に変更させていただきたいのですが。

2-2 Could we reschedule our meeting?

打ち合わせの日時を変更できますか?

3-1 Could we postpone our meeting until Thursday next week?

打ち合わせを、来週の木曜日に延期できませんか?

* postpone ... until ~で「…を~に延期する」という意味です。

Extra I need to cancel my appointment.

お約束をキャンセルしなければなりません。

Track 59

アポイントに遅れることを伝える

もちろん、遅刻しないのがベストですが、どうしても遅れてしまう場合には、「どのくらい遅れるのか」をきちんと伝えることが重要です。

Prime フレーズ

① I'm running 20 minutes late.

20 分ほど遅れてしまいそうです。

* run late は「予定より遅れる」というニュアンスの表現です。

② The traffic is bad.

渋滞に巻き込まれています。

③ I've just arrived at the airport.

今空港に着いたところです。

*「今すぐそちらに行きます」と続けるには、
I'll be with you in a minute. や
I'll be there right away. などを用います。

ステップアップフレーズ

1-1 I'll be about an hour late for the meeting.

打ち合わせに、1時間ほど遅れてしまいそうです。

2-1 The traffic is bad, so I'll be about half an hour late.

渋滞に巻き込まれたので、30分ほど遅れてしまいそうです。

3-1 Our flight is delayed.

私たちの乗る飛行機の便が遅れております。

Extra-1 I'm terribly sorry, but something came up.

大変申し訳ございませんが、急用が入りました。

* something came up の代わりに something urgent came up と言っても OK です。

Extra-2 I'm a little early. Is it all right if I come to your office now?

少し早く到着してしまいました。これからオフィスへお伺いしてもよろしいでしょうか？

Extra-3 I'm sorry to keep you waiting.

お待たせしまして、申し訳ございません。

🔊 Track 60

行き方を尋ねる

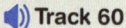

Track 51「営業時間や場所などを問い合わせる」とは異なり、相手先に向かっている最中に、携帯電話で行き方を尋ねている状況を想定しています。

🎤 Prime フレーズ

① **Which side of the street are you on?**

通りのどちら側になりますか？

・・・・・・・・・・・・・・・・・・・・・・・・・・・・・・・

② **I can't find my way through the underground mall.**

地下街を抜ける道がわかりません。

＊「道がわからない」は、can't find one's way を用います。

・・・・・・・・・・・・・・・・・・・・・・・・・・・・・・・

③ **Could you help me? I'm lost.**

助けていただけませんか？ 道に迷ってしまいました。

＊ be lost で「道に迷っている」という意味になります。

ステップアップフレーズ

1-1 Which building is your office in?
オフィスは、どの建物にあるのでしょうか?
* このように聞けば、建物の名前や特徴を教えてもらえますね。

1-2 Which side of the station are you on?
駅を出て、どちら側でしょうか?

2-1 I can't find my way out.
出口がわかりません。

3-1 I seem to have lost my way.
道に迷ってしまったようです。

3-2 I'm on my way to your office for a meeting, but I seem to be lost.
打ち合わせで御社に向かっているところなのですが、道に迷ってしまったようです。

* I seem to be lost. の代わりに、I seem to have gotten lost. と言うこともできます。

Extra I'm in front of a coffee shop named "Rose." Is your building far from here?
「ローズ」という名前の喫茶店の前にいるのですが、ここから御社の建物は遠いでしょうか?

Track 61

行き方を教える

受ける

こちらに向かっている相手に、行き方を「リアルタイム」で説明できますか？ 最寄り駅からの道順を英語で言えるようにしておくと、きっと役立ちますよ。

● Prime フレーズ

① **Our building is between the school and the bank.**

学校と銀行に挟まれたビルです。

② **It's at the end of the street.**

その通りの突きあたりになります。

*「…の突きあたり」は、
このように at the end of ... と表現できます。

③ **Go straight until you get to the traffic lights.**

信号のところまで、まっすぐ進んでください。

ステップアップフレーズ

1-1 Our building is third from the corner.
弊社のビルは、角から3つ目になります。

2-1 It's next to the flower shop.
お花屋さんの隣です。
* next to の代わりに beside を使うこともできます。

2-2 It's on the third floor of the building.
ビルの3階です。

3-1 Turn left, go down the street for two blocks and then cross the road.
左に曲がって、通りを2ブロック進み、道路を渡ってください。

3-2 Go past the ABC Bank and turn left.
ABC銀行を通り過ぎてから、左に曲がってください。

Extra-1 You seem to have come out of the wrong exit.
間違った出口から、外に出てしまったようですよ。

Extra-2 Why don't you take a taxi?
タクシーに乗車されてはいかがですか？

Extra-3 Stay put. I'll come and get you.
そのままそこにいてください。お迎えに参りますので。
* stay put は「動かずにいる」という意味です。

Dialogue

サンプル会話例

A: This is Joe Sample from XYZ. Can I talk to Ms. Josie Clark, please?

XYZ社のジョー・サンプルです。ジョウジー・クラーク様をお願いします。

B: This is she. Hi, Joe. What can I do for you today?

私です。こんにちは、ジョーさん。今日はどんなご用件ですか?

A: Hello, Josie. I'm calling about the meeting.

こんにちは、ジョウジーさん。打ち合わせの件で、お電話いたしました。

B: The meeting on April 4?

4月4日の打ち合わせのことですか?

A: Yeah. Would it be possible to change the date?

ええ。日にちを変更していただくことはできますか?

B: Sure, no problem. How about the day after tomorrow?

ええ、構いませんよ。明後日ではいかがでしょうか?

A: Um, can we make it later in the week?

ええと、もっと週の後のほうにしていただけませんか?

B: Okay, then, how about Thursday or Friday? Any time after 3:00 is fine with me.

いいですよ。それなら、木曜日か金曜日はどうでしょうか?
3時以降なら、いつでも大丈夫ですよ。

A: How about Friday at 4:00?

金曜日の4時はいかがでしょう?

B: That's all right. See you on Friday at 4:00 at my office.

結構です。それでは、金曜日の4時、私のオフィスということで。

Column

「数字」の読み方

「個数」「型番」「金額」「電話番号」「住所」など、さまざまな重要情報に「数字」が登場します。ですから、数字の間違いは、致命的なトラブルにつながることが珍しくありません。例えば、「16」と「60」を聞き間違えてしまって、16台発注すべきところを60台発注してしまったりしたら、目も当てられません。メールなどとは異なり、電話は「音」だけが頼りです。ですから、数字の発音および聞き取りには、細心の注意を払いましょう。

電話番号を読み上げる場合には、例えば03-1234-5678だったら、zero three, one two three four, five six seven eight のように「そのまま」1つずつ数字を読んでいきます。zeroはohと読む場合もあります。カジュアルな感じになりますが、1234をtwelve, thirty-four、5678をfifty-six, seventy-eightのように「2ケタの数字×2」で読む場合もあります。

また、3455のように同じ数字が2つ続く場合には、three four double five のように、double という言葉を使うことがあります（もちろん、three four five five でもOKです）。

Chapter 5

海外出張

ホテルに予約を入れたり、航空会社に連絡したりと、海外出張の際にはどうしても英語で電話をする必要が生じてきます。基本的なパターンを押さえておきましょう。

ホテルに予約を入れる

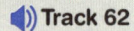

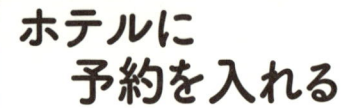

Track 62

かける

ホテルに電話で予約を入れる際の言い方を見てみましょう。実際に宿泊する前に、事前の問い合わせを行う場合のフレーズも合わせて見ます。

Prime フレーズ

① **I'd like to make a reservation for three nights from this Tuesday to Friday.**
今週火曜日から金曜日まで、3泊の予約を入れたいのですが。

② **What's the price of the single room?**
シングルの部屋はおいくらですか？

③ **I'd like to reserve a hotel room for tonight.**
今夜のホテルの予約をしたいのですが。

＊観光案内所などに電話で「飛び込み」の予約を頼む場合は、こんなふうに言います。

ステップアップフレーズ

1-1 Can I reserve a room?
部屋を予約できますか？

2-1 What's the price of a double room including tax?
ダブルの部屋は税込みでいくらですか？

2-2 I'd like to know your rates.
そちらの宿泊料金について教えてください。

Extra-1 Is there a parking lot?
駐車場はありますか？

Extra-2 Do you have an Internet connection?
インターネットにはつながりますか？

* Does the room have access to the Internet?
（部屋からネットにつながりますか？）のように言っても OK。

Extra-3 I'd like a room with a view.
眺めのいい部屋がいいのですが。

Extra-4 Do you accept JCB?
JCB カードは使えますか？

レストランに予約を入れる

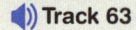

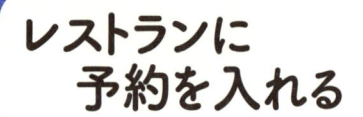

Track 63

主張先で時間の余裕があったら、地元のレストランなどでおいしい料理を食べてみたいですよね。「席を予約する」はreserve a table です。

Prime フレーズ

① I'd like to reserve a table for three on Tuesday at 12:30.

火曜日の 12 時半に、3名で予約をしたいのですが。

* reserve a table for three は「3人でテーブルを1つ確保する」ということですね。

② Do you have a private dining room?

個室はありますか？

③ Do you have any live performances there?

そちらでは、ライブ演奏はやっていますか？

ステップアップフレーズ

1-1 Can I reserve a table for two for tonight?
今夜、2名で予約を入れられますか？

1-2 I'd like reservations for three tomorrow at 7:30, please.
明日の7時半に3名の予約をお願いします。

2-1 I'd prefer a table by the window, if possible.
できれば窓際の席がいいのですが。

2-2 We'd like a table in the non-smoking section, please.
禁煙席をお願いします。

2-3 I'd like to pre-order the dinner course for us all.
全員、ディナーコースでお願いします。
* pre-order は「事前に注文しておく」ということです。

2-4 We'd like the 50-dollar lunch course for five people.
50ドルのランチコースを5名でお願いします。

3-1 Who's performing tonight?
今晩は、誰が出演するのですか？

変更内容を伝える

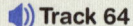

Track 64

予約内容などの変更をうまく電話で伝えられますか？ ここでは、到着時間・人数・日付などの変更を伝えるためのフレーズをご紹介します。

Prime フレーズ

①　I'd like to change my reservation from 6:00 to 7:00.

予約を6時から7時に変えていただきたいのですが。

* change ... from A to B で、
「…を A から B に変更する」という意味を表せます。

②　I'd like to change the number of people from four to five. Would it be all right?

人数を4人から5人に変更したいのですが、大丈夫でしょうか？

③　Please cancel my reservation for tomorrow.

明日の予約をキャンセルしてください。

ステップアップフレーズ

1-1 We have reservations on the 13th at 7:00 for five. I'd like to change the date from the 13th to the 15th.

13日の7時に、5名で予約をしてあります。日にちを13日から15日に変更したいのですが。

1-2 Would it be possible to change the time from 6:00 to 7:00?

時間を6時から7時に変更していただけますか？

1-3 Could you change my reservation?

予約を変更していただけますか？

2-1 We had reserved seats for five adults and two children, but we'd like to change to four adults and three children.

大人5名、子供2名で予約をしてあるのですが、大人4名、子供3名に変更させてください。

3-1 This is Takako Okada. I'd like to cancel my reservation for Friday the 7th.

岡田貴子と申します。7日の金曜日の予約をキャンセルしたいのですが。

Extra Is there a cancellation charge?

キャンセル料はかかりますか？

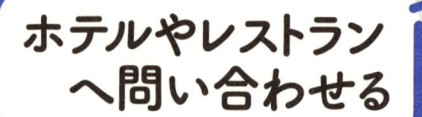

ホテルやレストランへ問い合わせる

Track 65

ホテルやレストランの予約時に問い合わせをする場合のフレーズです。「ドレスコード」の有無なども尋ねてみましょう。

Prime フレーズ

① Could you tell me how to get there?

そちらには、どうやって行ったらいいですか？

② Are there any sightseeing spots near your hotel that you recommend?

ホテルの近くに、おすすめの観光スポットはありますか？

③ Do you have a dress code?

服装の規定はありますか？

*「ジャケットおよびネクタイ必須」「サンダル不可」といった「服装の規定」があるかを確認しています。

♪ ステップアップフレーズ

1-1 **What's the least expensive way to get there from ABC Hotel?**

ABCホテルからそちらに行くには、どうすれば一番安いでしょうか？

* least expensive を fastest に変えれば
「一番早い行き方」を尋ねる質問になります。

1-2 **Which is faster, taking the bus or the subway?**

バスと地下鉄ではどちらを使ったほうが早く着きますか？

1-3 **Could you tell me how to get there by train?**

電車での行き方を教えていただけますか？

Extra-1 **Do you have vegetarian dishes?**

ベジタリアン向けの料理はありますか？

Extra-2 **Do you have a swimming pool?**

プールはありますか？

*「プール」は pool よりも、swimming pool と言うほうが自然です。

Extra-3 **Can I leave my baggage at your hotel?**

ホテルで荷物を預かってもらうことはできますか？

Extra-4 **What time do I need to check out?**

チェックアウトは何時ですか？

国際電話をかける

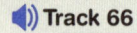

最近は、部屋から直接国際電話をかけられる場合も多いですが、その場合は交換手とのやりとりが必要になってきます。

Prime フレーズ

① Could you tell me how to make an international call?

国際電話のかけ方を教えていただけますか？

*「国際電話」は overseas call とも言います。

② I'd like to place an overseas call to Tokyo, Japan.

日本の東京まで国際電話をかけたいのですが。

* place a call は「電話をかける」です。

③ Please charge this call to my hotel room.

通話料は、ホテルの部屋につけてください。

ステップアップフレーズ

1-1 Can I make an international call from my room phone?

部屋から国際電話をかけられますか？

2-1 I'd like to make a call by credit card to Japan.

日本まで、クレジットカードで電話をかけたいのですが。

* このように言うと、Could you give me your credit card number?（カード番号をいただけますか？）などと尋ねられるので、番号を伝えます。

2-2 I'd like to make a collect call to Japan.

日本にコレクトコールをかけたいのですが。

3-1 I'd like to charge this call to my credit card.

通話料は、カード払いにしたいのですが。

Extra-1 I'll have a person-to-person call.

指名通話でお願いします。

* person-to-person call とは「指名した相手が出た時点から料金が発生する」通話のことです。

Extra-2 A station-to-station call, please.

番号指定通話でお願いします。

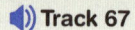

ホテルのサービスを利用する

ルームサービスやランドリーサービスなどの、ホテルのサービスを電話で頼んでみましょう。部屋番号を伝えることを忘れないようにしましょう。

Prime フレーズ

① Could I order room service?

ルームサービスをお願いできますか？

② Could you send a bell-hop up to room 335?

335号室までベルボーイをお願いします。

＊荷物を運んでもらったりするときには、このように bell-hop「ベルボーイ」を頼みます。

③ I'd like a wake-up call for 7:00.

7時にモーニングコールをお願いします。

＊「モーニングコール」は a morning call ではなく、a wake-up call です。

ステップアップフレーズ

1-1　Is room service still available?
まだルームサービスを頼めますか？
* 深夜などの場合は、このように聞いたほうがいいでしょう。

1-2　Do you have a laundry service?
ランドリーサービスはありますか？

2-1　Could I have breakfast brought to my room tomorrow morning at 7:00?
明朝7時に、部屋まで朝食を持ってきていただけますか？
* I'd like to have breakfast sent up. のように言うこともできます。

2-2　This is room 335. I'd like two continental breakfasts at 7:30.
335号室ですが、コンチネンタル・ブレックファーストを2人前、7時半にお願いたします。
* このように、最初に部屋番号を言うと確実です。

2-3　I have some clothes for laundry. Could you have someone pick them up?
ランドリーサービスに出したい服があるのですが、取りに来ていただけますか？

Extra　Do you have any messages for me?
私あての伝言は何か入っていますか？

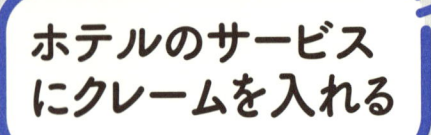

ホテルのサービスにクレームを入れる

Track 68

滞在中のホテルのサービスなどになんらかの不満や問題があった場合は、必要に応じて異議を申し立てましょう。

Prime フレーズ

① Something's wrong with the refrigerator.
冷蔵庫が故障しているのですが。

* Something's wrong with ... で「…の具合が悪い」「…が故障している」という意味になります。

② There are no towels. Could you send up some?
タオルがありません。持ってきていただけますか？

③ The room smells of cigarette smoke. I'd like to change rooms.
部屋がタバコ臭いので、部屋を変えたいのですが。

* change rooms で「部屋を変える」。room は複数形にします。

ステップアップフレーズ

1-1 The toilet doesn't flush.
トイレが流れません。
*「トイレが詰まっています」なら、
The toilet is clogged. と言います。

1-2 One of the light bulbs is out.
電球が1つ切れています。

1-3 The light isn't working.
電気がつきません。

2-1 There's no toilet paper.
トイレットペーパーがありません。

3-1 The room next door is too noisy. Could you get me a different room?
隣の部屋がうるさすぎます。部屋を変えていただくことはできますか?

Extra The bed isn't made. Please make the bed right now.
ベッドの準備ができていません。すぐにベッドメイクをしてください。

* make the bed は「シーツなどを交換し、眠れる状態にする」ということ。

航空会社や空港へ問い合わせる

Track 69

航空会社や空港に電話で問い合わせる場合の英語表現です。が、「リコンファーム」に関しては最近は必要ない航空会社も増えてきました。

Prime フレーズ

1 **Is there a limit on the number of carry-on bags?**

機内への持ち込み手荷物に、個数制限はありますか？

* carry-on bag は「機内持ち込み手荷物」です。

2 **Where's the boarding gate for XXX Airlines?**

XXX 航空の搭乗口はどこですか？

3 **I'd like to reconfirm the status of my flight.**

フライトのリコンファームをお願いします。

ステップアップフレーズ

1-1 **How much carry-on luggage am I allowed?**
どのくらいの重さまでの荷物を持ち込めますか？
* allowed の代わりに permitted でも OK です。

2-1 **What's the scheduled arrival time for flight number XXXX?**
XXXX 便の到着予定時刻は何時ですか？

3-1 **Do I need to reconfirm my airline booking?**
飛行機の予約をリコンファームする必要はありますか？

3-2 **I'd like to reconfirm the status of my flight. The departure date is May 20th, the flight number is XXXX, and my name is Yoshiko Kimura.**
フライトのリコンファームをお願いします。出発日は5月20日、フライト番号はXXXX、名前は木村佳子です。

Extra **My luggage was lost at XXX Airport. I'd like to find out if it's been found yet.**
私の荷物が XXX 空港でなくなってしまいました。見つかったかどうか知りたいのですが。

帰国日を変更する

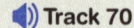

Track 70

帰国日の変更を、会社や航空会社に電話で連絡しましょう。because ...「…なので」などを使って、「変更するやむを得ない理由」も説明できるといいですね。

Prime フレーズ

① **I'm sorry, but I need to change my return date.**

すみません。帰国日を変更しなければならないのですが。

*「帰国日」は one's return date です。

② **I need to return to my country immediately for family reasons.**

家庭の事情で、直ちに帰国しなければなりません。

③ **I need to prolong my stay for three more days because the date of the exhibition has been changed.**

展示会の日程が変更になったため、滞在を3日間延長する必要があります。

* prolong は「引き延ばす」という意味です。

ステップアップフレーズ

1-1 Is there a penalty for changing my return date?

帰国日の変更には、手数料がかかりますか？

* penalty (fee) for ...「…に対する違約金・手数料」。

1-2 Are there any seats available on the flight from New York to Tokyo on April 22nd?

4月22日のニューヨーク発東京行きの便に空席はありますか？

2-1 I need to move up my departure date to January 20th.

出発日を1月20日に繰り上げたいのですが。

* move up A to B で「AをBに繰り上げる」という意味になります。「出発を繰り上げる」は advance one's departure と言うこともできます。

3-1 Would it be possible to extend my visit by another week?

滞在をもう1週間、延長することはできますか？

* extendも、prolongと同様、「延長する」という意味の動詞です。

Extra Could I return home temporarily for a week for a family bereavement?

身内に不幸があったため、1週間、一時帰国することはできませんでしょうか？

* bereavementは「死別」を意味するフォーマルな言葉です。

Dialogue

サンプル会話例

A: Good morning. ABC Hotel reservations, Bob Jones speaking. How may I help you?

おはようございます。ABC ホテルの予約課でございます。ボブ・ジョーンズが承ります。ご用件をどうぞ。

B: Hello, I'd like to make a reservation for three nights from this Tuesday to Friday.

こんにちは。今週火曜日から金曜日まで、3泊の予約を入れたいのですが。

A: Certainly. How many are there in your party?

かしこまりました。何名様でのご利用ですか?

B: One.

1名です。

A: What type of room would you like?

どのタイプのお部屋をご希望ですか?

B: A single room, please.

シングルでお願いします。

A: Certainly. Let me check. Thank you for waiting. We have a room available. May I have your name and phone number, please?

かしこまりました。確認いたします…。お待たせいたしました。部屋の空きはございます。お名前とお電話番号をいただけますか?

B: My name is Michiko Seto and my phone number is 000-0000-0000.

瀬戸美智子です。電話番号は 000-0000-0000 です。

A: Michiko Seto, 000-0000-0000. A single room from the 7th through the 10th. Is that correct?

お名前が瀬戸美智子様で、お電話番号は 000-0000-0000。シングルのお部屋を7日から10日までということで、よろしいでしょうか?

B: Yes, that's right. Thanks for your trouble.

ええ、それで合っています。どうもありがとうございます。

A: We'll be looking forward to seeing you on the 7th, then. Thank you for making a reservation with us. Have a safe trip!

それでは、7日にお待ちいたしております。当ホテルにご予約いただき、ありがとうございました。お気をつけていらしてください。

Column

国際電話をかける手順

　国際電話をかける場合には、「国際アクセス番号」「相手先国番号」「相手の国内電話番号」が必要です。「国際アクセス番号」は、使う国際電話サービスによって番号が変わります。固定電話からかける場合の国際アクセス番号は、NTT 0033-010 ／ KDDI 001-010 です。また、携帯電話からかける場合の国際アクセス番号は、NTT docomo 010 ／ au 010 または 001-010 ／ SoftBank 010 です。「010」は、日本の「国際電話識別番号」です。固定電話にマイライン登録がされていれば、010 の前の番号は不要です（010 の前の番号は「電話会社の番号」）。

　相手の「国」を表す「国番号」は、以下のようなものがあります。イギリス「44」／オーストラリア「61」／ スペイン「34」／ドイツ「49」／フランス「33」／アメリカ「1」など。

　相手の国内電話番号は市外局番からすべてを入力します。先頭に「0」がついている場合は削除します。

　日本から、アメリカの「111-222-3333」にかける場合は、010-1-111-222-3333 となります。「1」が、アメリカの「国番号」ですね。また、アメリカから日本の「03-1111-2222」にかける場合は、011-81-3-1111-2222 です。011 はアメリカの「国際電話識別番号」です。日本の国番号は「81」です。

Chapter 6

その他の表現

　この章では、電話での会話中のトラブルを解決する表現や、その他の応用のきく便利な表現を紹介していきます。これらをうまく活用して「電話上手」を目指しましょう！

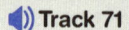

相手を落ち着かせる

Track 71

受ける

相手を混乱させてしまったり、怒らせてしまった場合に、誤解を解いたり、クールダウンさせるための英語表現です。

Prime フレーズ

① We're getting too emotional.

私たちは感情的になりすぎているようです。

② Let's not jump to conclusions.

結論を急ぐのはやめましょう。

③ Let me finish.

私にしゃべらせてください。

＊「私の言いたいことを、最後まで言わせて（finish）ください」ということ。話に割り込んでくる相手をたしなめるひとことです。

ステップアップフレーズ

1-1 Please calm down.
落ち着いてください。

* calm down「落ち着く」。

1-2 Get a hold of yourself.
落ち着いて。

*「気を確かに持て」というニュアンス。かなり取り乱している相手には、こんなふうに言ってもいいでしょう。

1-3 Don't be nervous.
あんまり神経質にならないで。

2-1 Haste makes waste, you know.
急いてはことをしそんじますよ。

*「急ぐこと(haste)は無駄(waste)を生む」ということわざです。

3-1 Let me finish what I was going to say.
言おうとしていたことを、最後まで言わせてください。

Extra Let's talk about that later.
そのことは、また後で話しましょう。

* 話が脇道にそれそうになったときに、このように言うといいですね。That seems a little off topic.（それは、本題とはあまり関係ないと思いますが）でも OK。

電話がつながらない

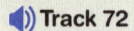

Track 72

「何度かけても電話がつながらない」ということを、別の人に伝える場合の表現を確認しておきましょう。電話が「話し中」は busy を使って表すことができます。

Prime フレーズ

① I tried to reach him[her], but he[she] didn't pick up.

彼（彼女）に連絡しようとしましたが、電話に出ませんでした。

* pick up (the phone) は、「電話に出る」という意味です。

② The line is always busy.

いつかけても話し中なのですが。

③ His[Her] cell phone seems to be either switched off or out of the service area.

彼（彼女）の携帯は電源が入っていないか、圏外のようです。

ステップアップフレーズ

1-1 I tried calling him[her] a number of times, but he[she] didn't pick up.

彼（彼女）に何度も電話しましたが、出ませんでした。

2-1 The line is still busy.

まだ話し中です。

2-2 There was a busy signal, and I couldn't get through.

話し中の音がして、つながりませんでした。

* busy signal は「話し中であることを示す信号」。細かいことですが、この文は「話し中の音がする」だけで「話し中である」とは言っていません。

2-3 I keep getting a busy signal.

ずっと話し中の音がしています。

3-1 His[Her] cell might be turned off.

もしかしたら、彼（彼女）の携帯は電源が切れているのかもしれません。

* be turned off は「電源が切れている」という意味です。

Extra He's[She's] not answering my calls. He[She] must be driving.

私がかけても出ませんので、彼（彼女）は車の運転中に違いありません。

175

🔊 Track 73

留守番電話の応答メッセージ

受ける

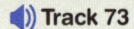

「ただ今電話に出ることができません。ピーッと音が鳴りましたら…」というおなじみの留守番電話の応答メッセージの「英語バージョン」を作ってみませんか？

❗ Prime フレーズ

① You've reached ABC Corporation, Kawasaki branch.

こちらは ABC コーポレーション、川崎支店です。

* このように、You've reached ... に続けて会社名や個人名を続けるのが基本パターンになります。

② I can't take your call right now.

ただ今電話に出られません。

* take one's call で「…の電話に出る」という意味になります。

③ Please leave your name, phone number, and a brief message after the tone.

発信音の後に、お名前と電話番号、メッセージをお残しください。

ステップアップフレーズ

1-1 Thank you for calling. This is ABC Corporation.

お電話ありがとうございます。こちらは ABC コーポレーションでございます。

* Thank you for calling. の代わりに Thanks for your call. でも OK です。

2-1 We are unable to come to the phone right now.

ただ今電話に出ることができません。

3-1 Please leave your message after the beep.

発信音の後にメッセージをどうぞ。

*「発信音」は tone 以外に beep とも言います。

Extra-1 We'll get back to you as soon as we can.

できるだけ早く、こちらからお電話いたします。

* as soon as ... can は「可能なかぎり早く」という意味です。

Extra-2 Our office hours are from 9:00 a.m. to 5:00 p.m., Monday through Friday.

弊社の営業時間は、月曜日から金曜日の午前9時から午後5時までとなっております。

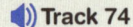

間違い電話を受けたとき

間違い電話を受けた場合の対応パターンを見ておきましょう。まずは、相手のかけた電話番号を確認するようにします。

Prime フレーズ

① What number are you calling?

何番におかけですか？

* この number は「電話番号」(telephone number)のことです。

② I'm afraid you have the wrong number.

番号をお間違えだと思いますが。

* I'm afraid ... を使うと、「あいにくですが…」という気持ちを込めることができます。

③ There's no one here by that name.

弊社にはその名前の者はおりませんが。

ステップアップフレーズ

1-1 What number did you dial?

何番にかけられましたか？

* dial は「ダイアルする」ですが、「プッシュホン」が当たり前の現代でも普通に使われる動詞です。

2-1 You must have the wrong number.

番号をお間違えかと思います。

2-2 You've reached the Yokohama branch. To reach our head office, please call 000-0000-0000.

こちらは横浜支店になります。本社にご連絡されるには、000-0000-0000におかけください。

3-1 That's our number, but this isn't XYZ Industries.

番号は合っていますが、こちらはXYZ産業ではございません。

3-2 We don't have a Mr. Saito here.

こちらには斉藤という名前の者はおりません。

* 〈a ＋名前〉で、「…という名前の人物」という意味になります。

3-3 I'm sorry, but there's no one in this department by that name.

申し訳ございませんが、こちらの部署にそのような名前の者はおりません。

間違い電話を かけてしまったとき

Track 75

かける

今度は間違い電話かけてしまった場合の基本パターンを学習しましょう。間違いであることがわかったら、素直に謝罪したうえで、早々に電話を切り上げるようにします。

Prime フレーズ

① This is 000-0000-0000, isn't it?

こちらは 000-0000-0000 ではありませんか？

* Is your number 000-0000-0000? でも OK です。

② I must have the wrong number.

番号を間違えてしまったようです。

* I must have dialed the wrong number.
（間違った番号にかけてしまったようです）と言うこともできます。

③ I'm sorry to have bothered you.

ご迷惑をおかけいたしました。

ステップアップフレーズ

1-1 What's your number?
そちらの番号は何番でしょうか？

1-2 Let me verify the number. Is this 000-0000-0000?
番号を確認させてください。そちらは000-0000-0000でしょうか？

2-1 I'm afraid I've reached the wrong number.
番号を間違えてしまったようです。

3-1 I'm terribly sorry.
申し訳ありません。
* I'm awfully sorry. でもOKです。

3-2 I'm sorry to have disturbed you.
ご迷惑をおかけし、申し訳ありません。
* disturbは「邪魔する」という意味です。

Extra Could you transfer this call to the sales department?
営業部に回していただけますか？
* 部署を間違えてしまった場合は、このように言うといいでしょう。

忘れ物について問い合わせる

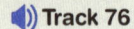

Track 76

ホテルやレストラン、あるいは客先などに「忘れ物の問い合わせ」をする場面を想定しています。「何を忘れたのか」を正しく伝えましょう。

Prime フレーズ

① **I think I left my camera there. Would you check for it, please?**

そちらにカメラを置き忘れてしまったようです。調べていただけますか?

*「置き忘れる」は forget ではなく leave を使います。

② **I'd like to know if anyone has found my bag.**

私のカバンは見つかりましたでしょうか。

③ **I'll come back to pick it up tomorrow.**

明日、取りに伺います。

ステップアップフレーズ

1-1 I seem to have left my umbrella there.

そちらに傘を置き忘れてしまったようです。

* seem to have left ... で「…を置き忘れてしまったようだ」という意味を表します。

1-2 I'm afraid I left my laptop in the room.

ノートパソコンを部屋に置き忘れてしまったようです。

2-1 Could you tell me if anyone found a cell phone in my room?

どなたか、私の部屋で携帯を見かけませんでしたか?

3-1 I'll go pick it up right away.

すぐに取りに伺います。

Extra-1 Could you please send it to my home address?

私の自宅の住所まで、送っていただけますか?

Extra-2 Lost and found office, please.

遺失物取扱所をお願いします。

* Lost and found office[department] は「遺失物取扱所」のことです。

英語に自信がない場合

Track 77

英語に自信のないときは、そのことをはっきり相手に告げたほうが、無用なトラブルを招かずにすみます。日本語が話せる人がいるかどうか尋ねる手もありますね。

Prime フレーズ

① I'm not so good at English, so please speak slowly.

あまり英語は得意ではありませんので、ゆっくり話してください。

* not so good at ... は「…がそれほど得意ではない」という意味です。

② I'm not sure how to say it in English.

英語でなんと言ったらいいのかわかりません。

③ Is there anyone who speaks Japanese?

日本語の話せる人はいませんか？

🎵 ステップアップフレーズ

1-1 Please try to use simpler words.
なるべく簡単な単語を使ってください。

1-2 I can't speak English very well.
あまり上手に英語を話せません。

2-1 It's difficult for me to say this in English.
英語にうまく訳せません。

3-1 Can I talk to someone who speaks Japanese?
日本語の話せる方と代わっていただけますか？

3-2 Are there any staff members who speak Japanese?
日本語の話せるスタッフはいませんか？

Extra-1 That was too fast for me.
速くて聞き取れませんでした。

* 続けて、Could you say it again?
（もう一度言ってもらえますか？）などと言えばいいでしょう。

Extra-2 What did you just say?
今なんとおっしゃいましたか？

携帯の電波受信状態が悪い

受ける　かける

携帯電話での通話では、電話の状態によって、よく聞こえなかったりすることがありますよね。そんな場合に役立つフレーズを集めてみました。

Prime フレーズ

① We seem to have a bad connection.

電話が遠いようです。

② I can't hear you well.

よく聞こえません。

③ Hello. Are you there?

もしもし。聞こえますか？

*「まだそこにいますか」が直訳ですが、突然相手の声が聞こえなくなったときに「まだつながっていますか？」というニュアンスで使うフレーズです。

🎵 ステップアップフレーズ

1-1 We seem to have a bad connection, so let me call you back.

電話が遠いようなので、かけ直しますね。

*「かけ直してもらえますか」なら、
..., so can you call back? となります。

2-1 There's so much noise in the street that I can't hear you too well.

街の騒音がうるさすぎて、そちらの声がよく聞こえません。

2-2 I'm having trouble hearing you.

電話が遠いのですが。

3-1 Can you hear me all right?

こちらの声は、ちゃんと聞こえますか?

Extra-1 Let me call you back from a fixed line.

固定電話からかけ直しますね。

*「固定電話」は landline とも言います。

Extra-2 Could you speak a little louder?

もう少し大きな声で話していただけますか?

* Could you speak up? と言うこともできます。

Track 79

携帯に関するその他の表現

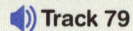

受ける　かける

「充電が切れそうだ」あるいは「キャッチホンが入った」など、携帯に関するその他の表現をチェックしておきましょう。

Prime フレーズ

① **My battery is almost dead.**

電池がほとんどありません。

＊「電池が切れた」は、このようにdead「死んだ」を使って表します。

② **I've got another call coming in.**

キャッチホンが入っています。

③ **I'll text you later.**

後で携帯にメールしますね。

＊このtextは、「…に携帯でメッセージ(a text message)を送る」という意味の動詞です。

ステップアップフレーズ

1-1 My battery is almost gone.
電池がほとんどなくなりそうです。

* My battery is gone. なら、
「電池が切れた」という意味になります。

1-2 My battery ran out.
電池が切れてしまいました。

* この run out は「底をつく」という意味です。

2-1 Could you hold? I've got someone on the other line.
ちょっと保留にさせていただいてもよろしいですか？ キャッチホンが入っています。

*「もう1つのラインに、別の人がいます」が直訳。

3-1 I'll text you when I get there.
到着したら、携帯にメールします。

Extra Can you Skype me? My ID is XXXXXXXX.
スカイプで連絡してくれますか？ 私の ID は XXXXXXXX です。

* Skype（スカイプ）は音声やビデオ、
チャットを通じたコミュニケーションツールですが、
このように動詞として使うこともできます。

Dialogue

サンプル会話例〈携帯電話〉

A: Hello, are you there?

もしもし、まだつながっていますか？

B: Yes, but I can't hear you too well.

ええ、でもあまりよく聞こえません。

A: We seem to have a bad connection, so let me call you back.

電話が遠いようですので、こちらからかけ直します。

B: Well, actually my battery is almost dead. Let me call you back from a fixed line.

実は充電が切れそうなんです。
こちらから固定電話でかけ直します。

Column

電話機の「アルファベット」

　アメリカなどでは、電話機の数字ボタンに「アルファベット」が併記されています。「2」のボタンには「ABC」、「3」は「DEF」、「4」は「GHI」…という具合に、1つの数字に複数のアルファベットが割り当てられています。

　ちなみに、「0」には「OPER」と書かれていたりしますが、これはOPERATOR「オペレータ」の略で、オペレータにつなぐ場合に使われるということを意味します。「1」にはアルファベットは割り当てられていません。

　アメリカの電話番号には、この「アルファベット」が入っているものがあります。アルファベットの部分は、該当するアルファベットが書かれたボタンを押せばいいのです。例えば「ABC」だったら「222」、「ADG」だったら「234」と押すことになります。

　企業を中心に、これを利用した「語呂合わせ」の電話番号がよく用いられています。例えば、アメリカのApple社のサポートセンターの電話番号は「800-692-7753」ですが、これを「800-MY-APPLE」と表記しています。日本語の「4126」を「ヨイフロ（風呂）」と読ませるのと、同じような発想ですね。

デイビッド・セイン（David Thayne）

アメリカ出身。日米英会話学院などでの豊富な教授経験を活かし、英会話に関する書籍を中心に執筆。主な著書に『敬語の英語』（ジャパンタイムズ）、『英会話の9割は中学英語で通用する』（アスコム）、『デイビッド・セインのネイティブに必ず伝わる日常英会話辞典』（ナツメ社）など。英語を中心としてさまざまな企画を実現するエートゥーゼットを主宰。東京都文京区の根津と春日でエートゥーゼット英語学校の校長も務める。

エートゥーゼットのHP
http://atozenglish.jp/
執筆協力：森田修／Esther Thrimu／Malcolm Hendricks（エートゥーゼット）

ビジネス英語の新人研修 Prime2

電話のフレーズ

2014年4月5日　初版発行
2016年3月20日　第2刷発行

著者　　デイビッド・セイン
　　　　©David Thayne, 2014
発行者　小笠原 敏晶
発行所　株式会社 ジャパンタイムズ
　　　　〒108-0023 東京都港区芝浦4丁目5番4号
　　　　電話　　（03）3453-2013（出版営業部）
　　　　振替口座　00190-6-64848
　　　　ウェブサイト　http://bookclub.japantimes.co.jp
印刷所　図書印刷株式会社

本書の内容に関するお問い合わせは、上記ウェブサイトまたは郵送でお受けいたします。
定価はカバーに表示してあります。
万一、乱丁落丁のある場合は、送料当社負担でお取り替えいたします。
ジャパンタイムズ出版営業部宛てにお送りください。

Printed in Japan　ISBN 978-4-7890-1553-0